Un projet pour apprendre

Préparer le carnaval

PS • MS • GS

Solange Sanchis • Lysia Ménard

Une collection conçue par :
Marie-Josée Bernussou, Michel de la Cruz,
Josépha Herman-Bredel, Solange Sanchis, Anne-Marie Viala

RETZ
www.editions-retz.com
9 bis, rue Abel Hovelacque
75013 Paris

SOMMAIRE

ISBN : 978-2-7256-2865-3

AVANT-PROPOS

Nous dédions cet ouvrage à tous les élèves qui ont participé à ce projet, en particulier à Chana, Clément, Lisa, Mélanie, Quentin, Romain et Tamara.

UN PROJET POUR APPRENDRE est **une nouvelle collection** destinée à conforter les enseignants d'école maternelle dans la pédagogie de projet. Composée de différents ouvrages, traitant chacun d'un projet précis, elle offre un cadre de référence commun à travers des objectifs et des développements concrets.
Dans chaque ouvrage, de brefs éclairages **théoriques**, des données **pratiques** accompagnées de tableaux et d'indicateurs divers guident la mise en œuvre et les évaluations. Les propositions sont issues de pratiques de classes étayées par la réflexion pédagogique, en conformité avec les Programmes. Elles fournissent des indications sur la conduite du projet, sa programmation et ses outils, les domaines et compétences visés.

Réaliser un «*PROJET*» avec ses élèves constitue un temps fort dans la vie de la classe. Cette mise en œuvre nécessite une **organisation fine**, aux encastrements multiples : projet de cycle, projet d'école, projet de classe. Structurer ainsi l'action pédagogique permet de donner **SENS** aux travaux, et d'**assurer des apprentissages** d'autant plus solides qu'ils sont motivés par un intérêt partagé.
Les compétences sollicitées et les apprentissages définis sont puisés dans le projet pédagogique de l'enseignant. Le projet est un dispositif pédagogique, pour les mettre en œuvre, les confirmer ou même les évaluer, mais ce n'est qu'un moment dans un apprentissage.
Si *Vivre ensemble* et *Langage* demeurent des constantes, selon le projet traité, certains domaines d'activités sont plus ou moins concernés. **À l'enseignant d'assurer la continuité et la progressivité des apprentissages dans tous les domaines, par des propositions complémentaires, hors projet.**
Les pistes de travail présentées sont suffisamment larges pour que chacun puisse les moduler en fonction de ses élèves, des apprentissages en cours, de la vie de sa classe et de la période de l'année.

L'ensemble reste ouvert, de façon à laisser libre cours à l'imagination constructive des enseignants qui pourront, au gré de la collection, s'en inspirer, adapter, innover…

DÉFINIR UN PROJET

Le projet, qui naît de la collaboration entre l'enseignant et sa classe, se définit à partir d'une situation particulière, d'un intérêt, qui provoquent un besoin, un désir.

À la fois **moyen** et **but**, la pédagogie du projet est **centrée sur l'élève**, sur ses motivations et sur sa démarche. Elle lui permet d'exprimer ce qu'il *veut* faire, d'évaluer ce qu'il *sait* faire, de *comprendre ce qu'il va apprendre* et de saisir que le travail effectué a *une finalité*.

Le projet s'appuie sur la méthodologie de **résolution de problèmes**, qui nécessite anticipation, capacités d'initiative, essais, ajustements, recherches de stratégies. Il fait de l'élève **un apprenant actif**.

Cette forme pédagogique n'est ni une « méthode » figée, ni un procédé permanent : elle se présente comme *une aventure collective* puisant sa source dans des situations *vraies*, où la volonté d'aboutir est d'autant plus forte que l'adhésion au projet est authentique : c'est ce qui donne SENS au « **Projet d'activités** ».

À propos du PROJET D'ACTIVITÉS

C'est un projet de **réalisation** négocié ***avec*** les enfants.

À l'initiative de l'enseignant et/ou des élèves, selon l'événement prévu ou imprévu, il s'appuie sur des situations de vie suffisamment complexes pour présenter des problèmes à résoudre et permettre un réel engagement de tous, tant dans la tâche à accomplir que dans l'activité cognitive qu'il sollicite. *Motivé, motivant et fédérateur*, l'aspect affectif y a sa part.

Basé sur *un contrat collectif et individuel*, il responsabilise chacun dans *une durée déterminée*. Il fait l'objet d'une *évaluation*.

Le projet s'inscrit dans des relations sociales authentiques. Il implique des destinataires identifiés, le plus souvent extérieurs à la classe.

Une organisation précise et collégiale, avec la médiation de l'adulte, permet d'atteindre le but projeté. Mais, au-delà des aspects pratiques, la démarche de projet a **des effets** privilégiés, en termes **cognitifs** et **comportementaux** :

- Prévoir suppose des représentations mentales, des capacités d'*analyse* et d'*anticipation.*
- Le travail de l'*imagination* et de la *logique* s'accompagne de la *compréhension* et de la *mémorisation* des actions et des étapes prévues.
- La capacité de choisir, de prendre des initiatives, de critiquer, développe la *confiance en soi* et *dans les autres.*
- Le sens de l'*effort*, de la *responsabilité* partagée, l'*autodiscipline* forgent les caractères et les capacités relationnelles.
- Expression et coopération contextualisent les apprentissages : *langage et socialisation* se trouvent renforcés dans cette démarche.

La mise en œuvre de cette pédagogie, compromis pour l'enfant entre **liberté** et **contrainte**, demande à l'enseignant la construction d'un **dispositif rigoureux**. Chaque projet particulier comporte des **apprentissages spécifiques**, sélectionnés dans le « **Projet pédagogique** » de l'enseignant.

À propos du PROJET PÉDAGOGIQUE

Il est élaboré ***par*** l'enseignant ***pour*** ses élèves.

Lié au *projet d'école* et au *projet de cycle*, il se décline au *niveau de la classe* et *vise des apprentissages précis*, cognitifs et comportementaux, en référence aux Programmes et aux enfants concernés. Il est modulable en fonction des progrès des apprenants en cours d'année. Il concerne *tous* les domaines.

Ces domaines sont traités dans des situations mises en place par l'enseignant pour **assurer la totalité des apprentissages**. Certains peuvent être abordés lors de projets d'activités.

Le projet pédagogique peut ainsi être nourri, dans l'année, par divers projets d'activités qui favorisent l'acquisition de compétences identifiées.

Dans cette bipolarité, **projet pédagogique** et **projet d'activités** s'influencent mutuellement pour fertiliser la vie de la classe.

Le rôle de l'enseignant

- *Définir* le projet lors des débats : faire naître des questions, des idées, sélectionner, préciser et faire préciser.
- *Répertorier* les ressources et les contraintes (dans la classe, dans l'école, dans l'environnement).
- *Vérifier* la faisabilité et la cohérence du projet, par rapport aux désirs des élèves, aux attentes du (ou des) destinataire(s).
- *Proposer, organiser, élucider* : rôle plus important quantitativement et qualitativement avec les plus petits.
- *Prévoir* la durée de réalisation : elle sera d'autant plus écourtée que les plus jeunes devront garder la mémoire du but à atteindre dans un temps proche.
- *Utiliser* fréquemment les échéanciers, tableaux, traces, comme référents collectifs.
- *Articuler* temps d'apprentissage / temps d'enseignement : guider, préciser, prescrire, répondre, enrichir.
- *Préserver* constamment les apprentissages prévus.
- *Recontextualiser* les travaux lors des bilans ponctuels, les relier à l'organisation générale.
- *Garantir* le respect des engagements pris, par rapport à la tâche ou au groupe, sans «faire à la place de» par souci de résultats.
- *Évaluer* les objectifs et contenus d'apprentissages définis en fonction de ces élèves, dans ce projet.

À propos de PROJET… OU THÈME ?…

Le recours au ***thème*** est souvent dicté par les saisons, les fêtes calendaires, un récit en cours… Réduit à un simple titre, sans verbe d'action, il dit peu comment les enfants y ont leur part d'initiative, même si leur intérêt est habilement sollicité. Il relie les travaux, avec plus ou moins d'artifice, mais sa *cohérence* demeure *externe* et n'est le plus souvent lisible que par l'adulte.

Le ***projet d'activités*** surgit dans un moment de la vie de la classe où le groupe décide *en commun* ce qu'il veut réaliser pour aboutir ; intentions et modalités sont débattues. Il suscite une *dynamique particulière* où *chacun se sent concerné et se sait responsable*. Temps fort à durée et objectifs variables, selon l'âge des enfants, il s'inscrit dans des limites logiques et chronologiques.

Thème *ou* projet d'activités *sont tous deux reliés au* projet pédagogique *de l'enseignant ; c'est à lui d'expliciter les actions visées, afin qu'elles prennent sens pour chacun.*

Concevoir et mettre en œuvre un projet

L'ENSEIGNANT

ANALYSE

Contexte justifiant le projet
- Vie de classe
- Apprentissages en cours (projet pédagogique)

ÉLABORATION ET PROGRAMMATION DU PROJET

- Repérage des domaines d'activités concernés
- Définition des compétences et des apprentissages visés
- Identification des savoirs préalables nécessaires
- Définition des types de situations (découverte, apprentissage, entraînement, évaluation…)
- Prévision des évaluations

RÉGULATION DU PROJET

- Par rapport aux apprentissages
- Par rapport au but à atteindre
- Réajustements – Relances

L'ENSEIGNANT AVEC LES ÉLÈVES

SITUATION-PROBLÈME DÉFINITION DU PROJET

Discussion – Propositions
Décision

Pourquoi ? = émergence du projet
Quoi ? = objet, définition du projet
Pour qui ? = destinataire
Quand ? = date, échéance du projet
Comment ? = inventaire des actions au service du projet, représentation des buts et des moyens pour y parvenir

RÉALISATION DU PROJET

Organisation

- Construction de l'échéancier
- Répartition des rôles et des tâches

Mise en œuvre

Qui fait ? Quoi ? Avec qui ?
Quand ? Comment ?

BILANS INTERMÉDIAIRES

- Par rapport aux tâches
- Par rapport à l'échéancier
- Par rapport aux engagements de chacun

ÉVALUATION / COÉVALUATION

- Les apprentissages liés au projet
- Le projet lui-même :
  - sa réalisation
  - son impact sur les destinataires

Mettre en œuvre un projet

Des repères indispensables

Mettre en œuvre un projet consiste à élaborer, avec les enfants, des **outils-référents**. Toute mise en mémoire structure le projet et fournit des repères collectifs, affichés, « lisibles » par tous : l'écrit côtoie les images, dessins ou symboles.

- **L'inventaire des activités** s'impose d'emblée. Dans les propositions accueillies, on ne retient que le *réalisable*, ce qui a du sens pour le projet.
- **L'échéancier** planifie le temps de l'action. Indicateur chronologique, il aide à percevoir une durée dans l'attente d'un événement. *Support éphémère*, il disparaît à la fin du projet.
- **Le tableau des tâches** tient lieu de *contrat* : il organise les choix et le travail de chacun. Ces écrits fonctionnels sont d'utiles appuis : s'y référer de façon systématique, lors de bilans ponctuels, permet de réguler l'action et garantit la cohérence du projet.
- **Les régulations** ont un rôle majeur : ces sortes d'*arrêts sur image* sont l'occasion de faire le point : car il serait illusoire de croire que tout a été dit ou compris « une fois pour toutes », ou que chacun adhère avec constance à ses engagements.
- Ces repères indispensables vont aussi développer des compétences bien identifiées (*cf.* pp. 15-16).

À propos des RÉGULATIONS

Le mot **régulation** contient en lui-même l'idée de ***réglage*** et de ***rythmes***. Dans un projet, les régulations ont une double fonction :
– fonction de ***bilans intermédiaires*** avec le groupe ;
– fonction de ***réajustements pédagogiques*** par l'enseignant.

- **Les bilans intermédiaires** portent sur les réalisations et les intentions. C'est le temps où l'on se retourne (*Qu'avons-nous déjà fait ?… Qu'avions-nous prévu ?…*) et le temps où l'on doit anticiper (*Qui va faire quoi et pour quand ?…*). ***Rapport aux tâches et rapport au temps*** renvoient aux outils référents. **Le langage** y tient un rôle essentiel : dialoguer, proposer, critiquer, argumenter… revitalise l'intérêt, remotive au besoin. S'extraire de l'activité aide à se recentrer sur le projet.
- **Les réajustements** renvoient au projet pédagogique de l'enseignant. Ce dernier vérifie l'adéquation de ses objectifs aux capacités des enfants, pour mieux adapter ses propositions. Le rapport aux apprentissages et aux démarches pédagogiques est ici concerné.

Évaluer un projet

L'évaluation, dans le cadre d'un projet, comporte deux dimensions :
– l'évaluation du **projet réalisé** ;
– l'évaluation d'**apprentissages spécifiques**.

Évaluer le projet, pourquoi ?
De la prévision à la réalisation, les enfants ont œuvré, ensemble, à la concrétisation de ce projet, si bien que tout aboutissement est, en soi, un succès.
Si l'on évalue un projet, c'est pour que les enfants aient conscience de leur pouvoir de réussite dans un engagement mutuel. Le débat collectif autour de la réalisation achevée s'appuie sur des éléments objectifs et sur un questionnement pragmatique (*Que voulions-nous faire ? Qu'avons-nous fait ?*) qui renvoie au projet d'activités et au tableau des tâches. Tout cela se dit en groupe, en guise d'évaluation finale.
Ce qui est évalué ici, en fait, c'est moins le projet que sa réalisation. Certes le résultat est important, mais ne doit pas occulter la valeur de la démarche et des objectifs d'apprentissage.

Quels apprentissages évaluer ?
Il s'agit ici d'évaluer, d'une part, les apprentissages qui relèvent de ce projet particulier et, d'autre part, ceux qui sont propres à la démarche de projet.

- Dans chaque projet, des compétences spécifiques sont puisées dans différents domaines des programmes. Ni excessive, ni exhaustive, leur évaluation a le mérite d'être liée à un contexte identifié par les élèves. Ces évaluations s'appuient sur des indicateurs de réussite (*cf. « Fiches de préparation »*, pp. 20 à 43). Ces critères fournissent à l'enseignant des éléments d'analyse pour moduler ses niveaux d'exigence.
- Dans tout projet, la démarche favorise aussi les compétences transversales du « Vivre ensemble » (communiquer, coopérer, respecter le contrat). C'est par une observation ponctuelle, quasi quotidienne, que l'enseignant peut évaluer – en situation – les progrès comportementaux. Une auto-évaluation peut aussi émerger au cours des bilans.
- Certaines des compétences – transversales ou spécifiques – seront évaluées à d'autres moments, hors projet, ou à la faveur d'un autre projet, car le travail d'apprentissage reste inscrit dans un continuum.

Qu'il s'agisse du projet lui-même ou des apprentissages qu'il suscite, le langage a une part essentielle pour offrir à chacun des repères, afin de se situer par rapport à soi, à ses progrès. Car la valeur de ces évaluations est aussi de favoriser la prise de conscience et la confiance en soi.

Origines des fêtes de carnaval

Les fêtes du carnaval accompagnent le passage de l'hiver au printemps. Elles annoncent le renouveau de la nature dans l'exubérance, la fantaisie et la gaieté. Le carnaval existe depuis plus de 2000 ans. Pour les Anciens, l'année ne débutait pas en janvier, mais en mars. Le mois de mars était le premier mois de l'année, celui du réveil de la terre. Avant une nouvelle création, il semblait alors nécessaire de retourner au chaos pour se ressourcer. Ce chaos était représenté par le carnaval, au cours duquel un pauvre d'esprit était élu roi et revêtait des ornements royaux. Sous l'Antiquité, on inversait les rangs sociaux : pendant 5 jours, les maîtres devenaient esclaves et les esclaves devenaient maîtres. Au Moyen Âge, les riches se déguisaient en pauvres, les pauvres en riches ; les adultes se déguisaient en enfants et les enfants en adultes. On bouleversait les rôles et les statuts sociaux. Au fil des siècles, d'autres traditions se sont ajoutées à la fête, faisant du carnaval une manifestation de plus en plus diversifiée et riche culturellement.

De nos jours, suivant le calendrier religieux, le carnaval débute le 6 janvier, jour de l'Épiphanie et se termine à *Mardi gras*, c'est-à-dire la veille du début du carême. Mardi gras est le jour le plus important de cette période ; sa date change tous les ans, et dépend de la fête de Pâques, qui varie en fonction du cycle de la lune (quarante jours de carême séparent la fin du carnaval du jour de Pâques). Mardi gras est ainsi nommé car, selon la tradition, c'est le jour où l'on utilise les graisses et les œufs avant de s'en priver durant le carême. On fait donc, selon la région, des beignets, des bugnes, des gaufres ou des crêpes.

L'origine étymologique du mot *carnaval* demeure obscure et controversée. Certains le voient issu de *« carrus navalis »*, soit le *chariot naval* qui prenait part à la fête romaine d'Isis, déesse égyptienne adoptée par les Romains et les Grecs. D'autres se réfèrent au mot latin *« carnelevare »*, composé de *« carne »* – la viande –, et de *« levare »* – laisser, lever –, soit se passer de viande.

Présentation du projet *Préparer le carnaval*

Ce projet concerne les trois sections de l'école maternelle. Il engage les élèves dans des activités éducatives, culturelles et artistiques. Il a l'ambition de les entraîner à la découverte de **l'univers festif du carnaval**, où se mêlent costumes, musiques et danses. Il sollicite l'imagination, la créativité, et propose aux enfants de mettre en scène un défilé dansé auquel chacun coopère en appréhendant son appartenance à un groupe, à sa classe, à son école.

Le projet s'appuie, à la fois, sur la tradition qu'ont de nombreux pays du monde, différentes régions de France et la plupart des écoles de fêter le carnaval, et sur l'importance donnée dans les programmes aux domaines «**Percevoir**, **sentir**, **imaginer**, **créer**» et «**Agir et s'exprimer avec son corps**». Les activités du projet favorisent, en effet, toutes sortes de créations au gré de l'inventivité enfantine. Les réalisations présentées dans cet ouvrage n'en sont que de simples exemples, et chaque classe, chaque école inventera son carnaval en fonction de son histoire.

Le projet se déroulera six semaines environ avant Mardi gras, cette période permettant aux enfants de réinvestir des apprentissages déjà bien entamés : depuis le début de l'année scolaire, ils ont en effet déjà tous acquis des compétences dans les domaines de la créativité, des activités physiques et de la langue.

Dans le cadre du projet, chaque section imagine ses costumes et ses danses mais, à certains moments, des groupes hétérogènes mêlant les élèves des trois sections sont constitués. Il est en effet difficile pour les plus jeunes enfants qui ont un vécu encore restreint d'imaginer et de comprendre la teneur d'un tel projet. C'est pourquoi, il semble essentiel d'inclure ces enfants dans un groupe d'élèves plus âgés, dont le langage est plus élaboré, pour évoquer le souvenir d'expériences passées et pour commenter des documents variés.

Les différents groupes se réunissent lors du début du projet pour que chacun le comprenne et se l'approprie. Ils se forment à nouveau avant la fin du projet lorsqu'il s'agit de repérer le parcours du défilé. Les enfants les plus grands aident ainsi leurs pairs plus jeunes à mieux appréhender l'espace.

Ce type d'organisation en groupes hétérogènes est important. Un tel dispositif est favorable à l'apprentissage de tous, aussi bien aux plus grands qui relatent, montrent et expliquent qu'aux plus petits qui écoutent et regardent.

Il est, bien entendu, possible de mettre en œuvre ce projet dans une seule section[1], dans une classe unique comportant les trois niveaux ou encore dans une école comprenant un grand nombre de classes. Chaque enseignant puisera dans les propositions de l'ouvrage selon sa propre organisation.

La réalisation de la partie créative du projet s'articule en trois étapes :
- Les enfants imprégnés de nombreux documents imaginent leur carnaval.
- Ils créent leurs costumes.
- Ils inventent un défilé dansé.

1. À noter qu'en petite section, la participation de l'enseignant est alors plus importante.

Quoi ?

Quelles activités ?

Projeter de **préparer le carnaval**, c'est permettre à chaque enfant **d'exprimer sa créativité, d'expérimenter et de construire des habiletés corporelles et artistiques**, de les organiser en coopération avec ses camarades et de les **présenter** dans une mise en scène ordonnée.

Projet d'activités

Quels apprentissages ?

Les apprentissages favorisés par le projet, tel qu'il est développé dans cet ouvrage, concernent essentiellement trois domaines : « **Percevoir, sentir, imaginer, créer** », « **Agir et s'exprimer avec son corps** » et « **Découvrir le monde** ». Bien entendu, les domaines « **S'approprier le langage** » et « **Devenir élève** » sous-tendent le projet.

• Domaine « **S'approprier le langage** »
Chaque enfant apprend à :
(Langue orale)
– participer à un échange collectif en acceptant d'écouter autrui, en attendant son tour de parole et en restant dans le propos de l'échange ;
– verbaliser des sensations, des émotions, établir des relations entre elles ;
– raconter une expérience, expliquer une démarche, échanger sur les procédés utilisés, les effets produits ;
– utiliser les marques d'énonciation structurant l'espace et le temps ;
– explorer et s'approprier le lexique spécifique aux activités physiques et artistiques ;
– découvrir les usages de la communication réglée.
(Langue écrite)
– identifier les principales fonctions de l'écrit ;
– écouter et comprendre un texte lu par l'adulte ;
– écrire son prénom en lettres capitales et cursives.

• Domaine « **Devenir élève** »
Chaque enfant apprend à :
– organiser un projet en commun ;
– participer à des échanges et à des débats ;
– s'intégrer à un groupe ;
– prendre des responsabilités au sein du groupe ;
– dialoguer, écouter, pratiquer l'entraide.

• Domaine « **Agir et s'exprimer avec son corps** »
Chaque enfant apprend à :
– exprimer des sentiments et des émotions par le geste et le déplacement ;
– s'exprimer sur un rythme musical ;
– adapter ses déplacements à des environnements ou à des contraintes variés ;
– coopérer collectivement ;
– se repérer et se déplacer dans l'espace ;
– décrire ou représenter un parcours simple ;
– repérer des variables d'espace, de temps, de distance.

• Domaine « **Découvrir le monde** »
Chaque enfant apprend à :
– reconnaître, nommer, décrire, comparer, ranger et classer des matières, des objets selon leurs qualités et leurs usages ;
– situer des événements les uns par rapport aux autres ;
– se situer dans l'espace ;
– comprendre et utiliser à bon escient le vocabulaire du repérage et des relations dans le temps et dans l'espace ;
– repérer un danger et le prendre en compte.

• Domaine « **Percevoir, sentir, imaginer, créer** »
Chaque enfant apprend à :
– adapter son geste aux contraintes matérielles (instruments, supports, matériels) ;
– utiliser le dessin comme moyen d'expression et de représentation ;
– réaliser une composition en plan ou en volume selon un désir exprimé ;
– écouter un extrait musical ou une production, puis s'exprimer et dialoguer avec les autres pour donner ses impressions ;
– éprouver des émotions, des sensations.

À propos

des ACTIVITÉS ET SITUATIONS D'APPRENTISSAGE

Ces expressions, souvent employées dans le langage pédagogique, se prêtent à diverses interprétations. C'est bien au travers d'***activités*** définies, orientées, que l'élève est appelé à ***apprendre***.

Dans ce cas, il ne peut s'agir d'agitation dans l'activisme, ni de vacuité dans un temps occupationnel. Le rôle de l'enseignant consiste à prévoir des situations propres à éveiller et à construire des compétences ; c'est en ce sens que les Programmes déterminent des *« domaines d'activités pour structurer les apprentissages »*.
Les deux termes sont donc étroitement ***solidaires***.

« Concevoir une situation d'apprentissage, c'est définir les activités (durée, consignes, supports), identifier les obstacles, concevoir des situations de consolidation des acquis, d'entraînement, de mémorisation, d'approfondissement, de réinvestissement, d'évaluation. » (CNED – Préparation au CRPE)

	DOMAINES ET COMPÉTENCES			
ACTIVITÉS	S'approprier le langage Devenir élève	Agir et s'exprimer avec son corps	Découvrir le monde	Percevoir, sentir, imaginer, créer
S'approprier le projet	• Participer à un échange collectif en acceptant d'écouter autrui, en attendant son tour de parole et en restant dans le propos de l'échange. • Émettre des hypothèses. • Justifier des choix, débattre, écouter. • Découvrir les supports de l'écrit.		• Situer des événements les uns par rapport aux autres. • Comprendre et utiliser à bon escient le vocabulaire du repérage et des relations dans le temps et dans l'espace.	• Observer et décrire des œuvres du patrimoine.
Imaginer et décider	• Rendre compte de ce qui a été observé ou vécu, et évoquer d'autres possibilités. • Exprimer une pensée au plus juste. • Comprendre un camarade qui parle, qui apporte des informations nouvelles. • Formuler une description en se faisant comprendre. • Exprimer ses émotions, ses goûts,ses choix.			• Manifester ses émotions et ses sensations.
Créer des costumes	• Utiliser un vocabulaire adapté pour évoquer une réalisation.	• Utiliser la motricité fine.	• Reconnaître, nommer, décrire, comparer, ranger et classer des matières, des objets selon leurs qualités et leurs usages.	• Adapter son geste aux contraintes matérielles (instruments, supports, matériaux). • Réaliser une composition en plan ou en volume selon un désir exprimé. • Prendre en compte la valeur esthétique.
Créer des danses	• S'exprimer et dialoguer avec les autres pour donner ses impressions.	• Se repérer et se déplacer dans l'espace. • Exprimer des sentiments et des émotions par le geste et le déplacement. • S'exprimer sur un rythme musical. • Accepter les contraintes collectives. • Adapter ses déplacements à des contraintes variées. • Coopérer et s'opposer.		• Écouter des extraits musicaux.

ACTIVITÉS	DOMAINES ET COMPÉTENCES			
	S'approprier le langage Devenir élève	Agir et s'exprimer avec son corps	Découvrir le monde	Percevoir, sentir, imaginer, créer
Mettre en commun	• Expliquer et montrer aux autres ses créations. • Comprendre le rôle et l'implication de tous dans le défilé dansé.			
Se repérer	• Comprendre et utiliser à bon escient le vocabulaire du repérage et des relations dans le temps et dans l'espace.		• Se repérer et se déplacer dans l'espace. • Décrire ou représenter un parcours simple.	
Défiler		• Se repérer et se déplacer dans l'espace. • S'exprimer sur le rythme musical choisi. • Adapter ses déplacements à des contraintes variées.	• Repérer les dangers potentiels et les prendre en compte.	• Exprimer des sentiments et des émotions par le geste et le déplacement.
Évaluer	• Dire ce que l'on a appris, ce que l'on a ressenti.			

Chronologie du projet

En amont du projet

Avant de mettre en œuvre ce projet, il convient d'examiner les conditions nécessaires à son bon déroulement. En effet, ce sont les **expériences** préalablement vécues par **les plus grands** qui permettent de le déclencher et de le réaliser :

- Les enfants de GS et de MS ont certainement fêté le carnaval dans leur classe, l'année précédente.
- Certains d'entre eux ont sûrement des souvenirs de défilés de carnaval auxquels ils ont assisté ou participé.
- Tous les élèves ont la possibilité de se déguiser dans un coin de la classe prévu à cet effet.

Au cours des mois précédents, les enfants des différents niveaux ont acquis des compétences :

- Ils ont regardé et commenté des images, des photographies, des dessins, des reproductions de peinture, des vidéos…
- Ils ont appris à dialoguer, à émettre des hypothèses, à projeter, à écouter l'autre.
- Ils ont appris à verbaliser leur action et celle des autres.
- Ils ont appris à imaginer.
- Ils ont appris à manipuler toutes sortes d'objets et de matériaux.
- Ils ont appris de nouvelles techniques de création.
- Ils ont appris à se déplacer dans l'espace.
- Ils ont appris à danser, à mimer.
- Ils ont appris à travailler seuls, à deux, à plusieurs, en atelier.

À propos

de **PROGRESSION – PROGRAMMATION**

- **La programmation** relève des **contenus** des Programmes et de leur répartition dans le temps, pour chaque domaine.
  Il s'agit d'une **prévision pratique et diversifiée.**
- **La progression** vise des **compétences** liées aux capacités et aux rythmes d'apprentissage des enfants.
  Il s'agit d'une **conception évolutive et différenciée.**
  C'est dans la pratique et ses ajustements que l'enseignant assure, pour chaque enfant, la **progressivité** de ses apprentissages.

Programmation du projet

La programmation proposée occupe six semaines, mais elle peut être modulée selon l'avancement des différentes étapes, qui est lié aux compétences des élèves et aux choix de l'enseignant. Les temps consacrés à la création des costumes et à la recherche de chorégraphies sont les plus longs.

Les temps du projet	Semaine 1	Semaine 2	Semaine 3	Semaine 4	Semaine 5	Semaine 6
Un temps pour déclencher et s'approprier le projet *En groupes hétérogènes (élèves des trois niveaux mélangés)*	• Observer et commenter toutes sortes de documents. • Comprendre les notions de fête et de déguisement. • Se repérer dans le temps.					
Un temps pour imaginer et décider *Dans chaque classe*	• Les costumes : quelles réalisations ? avec quels matériaux ? selon quelles techniques ?					
Un temps pour créer des costumes *Dans chaque classe (organisation en atelier)*		• PS : les habitants du pays des couleurs (perruques, loups, collerettes, baguettes). • MS : les habitants du pays des grosses têtes (grosses têtes, chapeaux, bracelets, masses d'armes). • GS : les habitants du pays des robots (masques, manchettes, plastrons, cylindres).				
Un temps pour créer des danses *Dans chaque classe*		PS / MS / GS: • Rechercher des déplacements en rythme sur la musique. • Évoluer en cortège. • Danser avec un accessoire. • Évoluer en cortège dansé avec un accessoire.				
Un temps pour mettre en commun *Toutes les classes*					• Être tour à tour acteur et spectateur. • Préparer la présentation des costumes et recevoir les ambassadeurs.	
Un temps pour se repérer *En groupes hétérogènes (élèves des trois niveaux mélangés)*					• Identifier le parcours et aller en reconnaissance. • Se remémorer le parcours.	
Un temps pour mettre au point le défilé dansé et défiler *Toutes les classes*						• Adopter une formation et s'entraîner à défiler. • Défiler.
Un temps pour évaluer						• Mesurer ses apprentissages.

Comment ?

Ce projet, qui concerne toutes les sections d'une école, se caractérise par **une alternance de temps par groupes hétérogènes (mélangeant les enfants des trois sections), de temps au sein de chaque classe et de temps communs à toutes les classes.**
Les premiers concernent la mise en place du projet et le repérage des lieux avant le défilé. Les deuxièmes sont réservés aux recherches et aux apprentissages propres à chaque section. Les troisièmes associent tous les enfants de l'école à la compréhension et à l'organisation du défilé.
Le temps consacré à la **création des costumes** et le temps dédié à la **création des danses** constituent **deux temps forts** du projet. **C'est sur eux que repose la réussite du carnaval.**

Les temps du projet

Un temps pour déclencher et s'approprier le projet

Par groupes hétérogènes, les élèves des trois niveaux ensemble

- Observer et commenter toutes sortes de documents
- Comprendre les notions de *fête* et de *déguisement*
- Se repérer dans le temps

Un temps pour imaginer et décider

Par classe

- Quels costumes ?
- Quels costumes ? Avec quels matériaux ? Selon quelles techniques ?

Un temps pour créer des costumes

- PS : Au pays des couleurs
- MS : Au pays des grosses têtes
- GS : Au pays des robots

Un temps pour créer des danses

- Rechercher des déplacements en rythme sur la musique
- Évoluer en cortège
- Danser avec un accessoire
- Évoluer en cortège dansé avec accessoire

Un temps pour mettre en commun

Toutes les classes ensemble

- Préparer la présentation des costumes et recevoir les ambassadeurs
- Être tour à tour acteur et spectateur : montrer sa danse et regarder celle des autres

Un temps pour se repérer

Par groupes hétérogènes, les élèves des trois niveaux ensemble

- Identifier le parcours et aller en reconnaissance
- Se remémorer le parcours

Un temps pour mettre au point le défilé dansé et défiler

Toutes les classes ensemble

- Adopter une formation et s'entraîner à défiler
- Défiler

Un temps pour évaluer

Par classe et individuellement

- Mesurer ses apprentissages

Un temps pour déclencher et s'approprier le projet

- *Observer et commenter toutes sortes de documents*
- *Comprendre les notions de fête et de déguisement*
- *Se repérer dans le temps*

Dans chaque classe, l'enseignant présente le projet et explique aux élèves qu'ils vont s'entraider pour le préparer. Les groupes se forment en fonction des affinités ou les élèves sont désignés par les enseignants, mais une répartition égale des enfants des trois sections est nécessaire. Après chaque séance, à leur retour dans la classe, les enfants mettent en commun ce qu'ils ont vécu. Ils relatent ce qu'ils ont dit, ce qu'ils ont vu, ce qu'ils ont appris. Ce va-et-vient entre le groupe hétérogène et le groupe classe est indispensable pour que les élèves s'approprient réellement le projet.

DÉCLENCHER

PS -MS -GS

Observer et commenter toutes sortes de documents

Domaines

– S'approprier le langage et devenir élève.
– Découvrir le monde.
– Percevoir, sentir, imaginer, créer.

Objectifs d'apprentissage

– Comprendre un message et agir ou répondre de façon pertinente.
– Apprendre à coopérer, à dialoguer avec des camarades.
– Comprendre ce qui est appris.
– Savoir utiliser des repères dans la journée, la semaine et l'année.

Compétences de fin d'école maternelle

– Jouer son rôle dans une activité en adoptant un comportement individuel qui tienne compte des apports et des contraintes de la vie collective.
– Justifier ses choix, débattre, écouter.
– Observer et décrire des œuvres du patrimoine.
– Découvrir les supports de l'écrit.
– Comprendre et utiliser à bon escient le vocabulaire du repérage et des relations dans le temps et dans l'espace.

Indicateur de réussite

Une expression et un lexique appropriés.

Type de situation

Observation et échange.

Dispositif

Organisation

Les enfants sont répartis en atelier de 5 ou 6 élèves (groupes hétérogènes), puis les ateliers se regroupent. Les documents sont différents dans chaque atelier.

Matériel

– Des photos, des documents imagés de toutes sortes, et de tous pays ou régions.
– Des albums sur le carnaval.
– Un panneau d'affichage
– Un ordinateur et un vidéoprojecteur.
– Des vidéos de défilés de différentes régions ou pays (voir références, p. 49).
– Des calendriers de la poste.
– Un grand calendrier semestriel.
– Deux surligneurs de couleurs différentes et des gommettes auto-collantes.

Durée

4 fois 20 à 30 minutes.

Déroulement des séances

L'enseignant va d'un atelier à l'autre, écoute, entre dans les débats, interroge, apporte des précisions, propose les mots qui font défaut…

Veiller à ce que les documents soient affichés à hauteur des yeux des enfants.

Si l'école n'est pas équipée, cette séance peut être remplacée par l'observation de photos ou d'images de défilés selon le même dispositif que lors de la première séance.

Première séance : Observer des images, des photos, des albums

1re phase

Dans chaque atelier, laisser les élèves découvrir les documents, les observer, les décrire et les commenter librement.

2e phase

L'enseignant invite au regroupement face au tableau d'affichage. Chaque groupe doit apporter ses documents. Un responsable GS par groupe peut être désigné pour cette tâche.

3e phase

Les documents de chaque groupe sont affichés tour à tour. Les enfants du groupe dont les documents sont exposés les présentent aux autres. Chaque membre du groupe dit son constat, son goût, ses préférences, relate son expérience, montre un détail…

4e phase

Lorsque tous les groupes se sont exprimés, l'enseignant incite les élèves à faire un premier bilan en résumant ce qui a été dit. *Qu'avez-vous vu ? Qu'avez-vous appris ?*

Les enfants parlent de fêtes, de masques, de costumes, de chapeaux, de déguisements, de couleurs… L'enseignant entre dans la conversation et fournit le vocabulaire manquant.

On conclut en affirmant que tous ces documents illustrent la fête du carnaval.

Deuxième séance : Observer et commenter des vidéos ou des extraits de films

1re phase

Installer confortablement les enfants et leur recommander de garder le silence pendant la projection.

2e phase

À la fin de la projection, laisser libre cours aux commentaires, favoriser les dialogues entre pairs. Entrer dans la conversation en posant une question pour relancer ou réorienter le sujet. Proposer de revoir les images pour vérifier ce qui a été dit et regarder si rien n'a été oublié.

3e phase

Projeter à nouveau les images, et favoriser les commentaires des enfants durant la projection. Faire de fréquents arrêts pour détailler plus finement les scènes les plus spectaculaires ou les plus attrayantes au gré des réactions des élèves.

4e phase

Résumer la projection : *« Nous avons vu, nous avons appris… »*

Lors du carnaval, on marche dans les rues, on dit qu'on défile, il y a des musiciens, les gens sont déguisés, ils portent de beaux costumes, ils dansent, ils lancent des confettis… Les costumes ne sont pas les mêmes à Rio qu'à Venise, à Limoux ou à Nice… L'enseignant entre dans la conversation et fournit le vocabulaire manquant. On parle de plumes, de paillettes, de tissus brillants, de couronnes, de bracelets argentés…

Troisième séance : Comprendre les notions de *fête* et de *déguisement*

Tous les documents observés et commentés lors de la première séance sont affichés sous les yeux des enfants regroupés autour de l'enseignant.

1re phase

Les enfants répondent aux questions de l'enseignant.

Rappeler les deux séances précédentes : *« Qu'avons-nous vu? Qu'avons-nous dit? Qu'avons-nous appris sur la fête du carnaval ? »*

Ce type d'entretien en grand groupe est nécessaire pour résumer les échanges précédents, et faire le point. Certes, ce sont les enfants les plus habiles en parole qui répondent le plus souvent, mais ils sont d'utiles relais entre leurs pairs et l'enseignant.

Les enfants reprennent les propos qui ont été tenus ainsi que les descriptions précédentes.

2e phase

Demander : *« À quoi reconnaît-on une fête ? »*

Les enfants répondent, par exemple : *« On rit, on chante, on danse, il y a de la musique, on est content, on mange, on boit… »*

Puis : *« Quand fait-on la fête ? »*

Ils évoquent les fêtes familiales, les anniversaires, les mariages…, mais aussi les fêtes locales, les foires, les vide-greniers…

3e phase

Poser la question suivante : *« Si nous voulons faire la fête du Carnaval à l'école, que devons-nous faire ? »*

Les enfants énumèrent des propositions : mettre de beaux costumes pour se déguiser, faire de la musique, danser, défiler dans les rues, chanter…

4e phase

Employer aussi les verbes « se travestir » et « se costumer ».

Interroger les enfants : *« Qu'est ce que se déguiser ? »*

Ils expliquent : *« C'est mettre de jolis habits ou des habits différents de ceux de tous les jours, un masque, un chapeau… C'est cacher son visage pour ne pas être reconnu, c'est ressembler à quelqu'un d'autre, à une fée, à une sorcière, à Batman, à Zorro, à un animal… »*

Poursuivre : *« Qui s'est déjà déguisé ? »*

Les enfants racontent leur expérience.

5e phase

L'enseignant explique que le jour où l'on se déguise se nomme Mardi gras. Il dit aussi que les enfants prépareront la fête dans leur classe, et que toutes les classes se retrouveront pour défiler ce jour-là et faire la fête du Carnaval ensemble.

La conversation s'établit au sein du groupe, puis l'enseignant donne tous les renseignements utiles : on aura besoin de l'aide des mamans pour mettre les costumes et pour accompagner le défilé; on ira dans tel lieu, on avertira les maîtres et les élèves de l'école élémentaire...

Quatrième séance : Se repérer dans le temps

En ateliers, puis en grand groupe.

1re phase

Chaque atelier reçoit une étiquette sur laquelle l'enseignant a écrit « Mardi gras » et une photocopie du calendrier de la Poste ou tout autre calendrier adoptant la même disposition semestrielle et portant le mot « Mardi gras » en face de la date.

Cette date est affichée sur un éphéméride dont les enfants lèvent les feuillets quotidiennement.

Les enfants sont sollicités pour rappeler la date du jour et un enfant va la montrer sur l'éphéméride.

Les enfants sont invités à prononcer le mot écrit.

Puis, il s'agit de retrouver le mot *Mardi gras*. L'enseignant laisse chercher, puis il apporte son aide en donnant des indices : changer de mois, rechercher au début, au milieu ou à la fin du mois. Dès que le mot est trouvé, un enfant colle une gommette sur le calendrier.

L'enseignant attire l'attention sur la majuscule : il commence par un « M ».

2e phase

Quand chaque atelier a situé Mardi gras sur son calendrier, les enfants se regroupent tout près de l'affichage du grand calendrier semestriel. Chacun est invité à rechercher des yeux « Mardi gras » sur ce nouveau calendrier. Le premier qui a trouvé vient surligner cette date.

Puis, les enfants sont sollicités pour dire et situer la date du jour sur ce même calendrier. La date est surlignée par un élève. Déduire, en observant le temps ainsi cerné, que durant la période entre les deux repères, on va préparer le carnaval.

3e phase

Souligner qu'il n'y a pas classe tous les jours, et qu'il faut donc enlever les mercredis, les samedis et les dimanches. Faire surligner ces jours-là par quelques enfants, à tour de rôle, avec un surligneur de couleur différente du premier.

4e phase

Compter les jours qui restent pour travailler sur le projet : *« Combien y en a-t-il entre cette séance et le jour du défilé ? »*

Situer les étapes permettant de travailler par classe, de faire des costumes, d'inventer une danse et de répéter le défilé avec toutes les classes. En déduire qu'il faudra souvent regarder le calendrier pour réguler les activités et avoir terminé à temps.

Informer les enfants que la même formation en groupe hétérogène se retrouvera avant les répétitions du défilé, et situer ce rendez-vous sur le calendrier avec une gommette.

Réel aide-mémoire, ce grand calendrier restera affiché pendant toute la durée du projet. Les classes s'y reporteront souvent, au fur et à mesure du déroulement de ce dernier.

Un temps pour imaginer et décider

À ce stade du projet, les élèves rejoignent leur classe afin d'y travailler en fonction des possibilités de leur âge. Il s'agit pour chaque section d'imaginer des costumes. Les enfants ont constaté que selon les pays, les régions ou les villes, les atours de carnaval étaient différents. Pour éviter les propositions de costumes classiques (fée, sorcière, pompier, chevalier…) et déclencher une réelle recherche, l'enseignant s'appuie sur le constat des séances précédentes : selon le pays ou la région dans lequel/laquelle on habite, on se déguise différemment.

IMAGINER ET DÉCIDER

Comprendre les notions de fête *et de* déguisement

PS -MS -GS

Domaines

– S'approprier le langage et devenir élève.
– Découvrir le monde.
– Percevoir, sentir, imaginer, créer.

Objectif d'apprentissage

Apprendre à exprimer ses goûts et ses choix dans l'échange avec les autres.

Compétences de fin d'école maternelle

– Reconnaître, nommer, décrire, comparer, ranger et classer des matières et des objets selon leurs qualités et leurs usages.
– Justifier des choix, débattre, écouter.
– Comprendre un message et agir ou répondre de façon pertinente.

Indicateur de réussite

Une expression et un lexique appropriés.

Type de situation

Situation-problème.

Dispositif

Organisation

En grand groupe et par groupes de 5 ou 6 élèves à la fin de la deuxième séance.

Matériel

Pour la séance 2 (PS, MS, GS)
– Une grande boîte contenant, pêle-mêle, des masques, des loups, des chapeaux, des éventails, des baguettes, des foulards, des jupons, des pantalons…
– Une grande boîte contenant toutes sortes de papiers* (crépon, papier de soie, papier lissé gommé, papier métallisé, journaux, papier d'emballage…), des tissus, des cartons ainsi que toutes sortes d'éléments décoratifs (boules de cotillon, paillettes, rubans, gommettes, pots de petits suisses, de yaourts, capsules…).
– Sur une table, des peintures de toutes les couleurs (peintures métallisées, peintures pailletées…) et des livres montrant toutes sortes de techniques pour réaliser des déguisements**.

Durée

2 fois 20 à 30 minutes.

* Les matériaux de la boîte de la PS doivent offrir une gamme couvrant toutes les couleurs et toutes les nuances de l'arc-en-ciel. Les enfants voient et apprennent ainsi qu'il n'existe pas qu'un seul rouge, mais une infinité de rouges, du plus clair au plus foncé, du vermillon au carmin… et ils font le même constat pour toutes les autres couleurs.

** Voir la bibliographie, p. 48.

Déroulement des séances

> Les enfants doivent comprendre qu'ils peuvent libérer leur imaginaire et oser exprimer des idées de plus en plus originales. L'enseignant peut apporter son aide en évoquant des contes entendus, des comptines apprises, des albums feuilletés…

Première séance : Quels costumes ?

1re phase

Faire rappeler les costumes observés lors des séances précédentes. Inciter les enfants à évoquer ceux des habitants de Rio, ceux des habitants de Bruges, des habitants de Nice, de Dunkerque… Souligner les ressemblances et les différences.

Proposer d'inventer un pays où les habitants se déguiseraient pour Carnaval. Dire, par exemple : *« On pourrait se déguiser en habitants de la Lune, en habitants de la mer… »*

2e phase

Laisser les enfants enchaîner en utilisant la même structure de phrase : *« On pourrait se déguiser en habitants de… »*

Les encourager à développer leurs idées : *« Les habitants seraient tous verts, ils auraient tous des nageoires, ils porteraient des chapeaux "soleil"… »*

3e phase

Redire les propositions entendues : *« Sabrina propose de se déguiser en habitants de… »* ; *« Omar propose… »* ; *« Kevin propose… »* ; etc.

> Quelques suggestions : les habitants du pays des planètes, les habitants du pays du Soleil, les habitants du pays des châteaux, les habitants du pays des jardins…

Puis, demander aux enfants de dire leur préférence en l'argumentant.

Retenir les deux propositions qui recueillent le plus d'intérêt.

4e phase

Demander à l'auteur(e) de chacune de ces deux propositions de prendre place dans un endroit précis de la classe, et dire aux enfants de rejoindre l'un(e) ou l'autre selon leur préférence.

Avec l'accord de tous, retenir la proposition qui a séduit le plus grand nombre.

Décider : *« Pour carnaval, nous nous se déguiserons en habitants de… »*

Les suggestions retenues dans cet ouvrage sont :

- PS : les habitants du pays des couleurs (l'enseignant aide les enfants à faire ce choix en s'appuyant sur les travaux sur la couleur réalisés antérieurement);
- MS : les habitants du pays des grosses têtes;
- GS : les habitants du pays des robots.

Deuxième séance : Quels costumes ? Avec quels matériaux ? Selon quelles techniques ?

1re phase

Rappeler la décision de la séance précédente : *« Pour carnaval, nous nous déguiserons en habitants du pays... »*

Demander : *« Que faut-il pour se déguiser ? »*

Ouvrir la boîte qui contient les costumes et les accessoires de carnaval.

Proposer à quelques enfants de plonger tour à tour leur main dans la boîte, et de sortir un objet.

Laisser s'exprimer les commentaires, favoriser les descriptions : *« Il y a des paillettes qui brillent sur le loup »* ; *« Le masque cache tout le visage, le loup cache seulement les yeux »* ; *« Le chapeau est pointu, celui-ci est rond… »* ; etc.

2e phase

Pour imaginer un costume, laisser les enfants faire des propositions :

> Les enfants se réfèrent aux documents observés et commentés précédemment, qui demeurent affichés dans la classe.

– *« On pourrait faire des masques, faire des chapeaux comme… »* ;
– *« On pourrait avoir une collerette comme les Pierrots. »* ;
– *« On pourrait peindre des costumes en papier. »* ;
– *« On pourrait faire des baguettes pour danser comme à Limoux »* ;
– *etc.*

3e phase

Ouvrir la seconde boîte contenant les différents matériaux, et les disposer sous les yeux des enfants.

Laisser s'exprimer les réflexions spontanées. Veiller à encourager l'emploi d'un lexique précis pour nommer, décrire et caractériser les matériaux.

Favoriser le toucher. Apporter le terme manquant. Parler de l'aspect (*lisse, brillant, clair, foncé, transparent…*), de la forme (*rond, arrondi, pointu…*), de la solidité et de la tenue (*fragile, épais, mince, raide, souple…*). Avec les PS, définir plus précisément les nuances de couleurs : parler de *vermillon*, d'*orange*, de *rouge cerise*, de *bleu turquoise*, de *vert olive…*

Mettre ensemble tous les matériaux rouges, tous les bleus, etc.

4e phase

S'appuyer sur toutes ces observations et manipulations pour l'utilisation de ces matériaux dans la création des costumes.

Laisser les enfants faire des suggestions :

– *« On pourrait faire des masques avec le bristol. » ;*
– *« On pourrait coller des paillettes. » ;*
– *« On pourrait faire des collerettes en crépon. » ;*
– *« On pourrait coller des nez en pot de yaourt. » ;*
– *etc.*

Leur demander comment s'y prendre, et écouter les solutions des enfants pour telle ou telle réalisation.

Leur permettre de mesurer ce qu'ils peuvent réaliser seuls et ce qui nécessite l'aide de l'Atsem ou de l'enseignant.

5e phase

Voir la bibliographie, p. 48.

Répartir les enfants par groupes de 5 ou 6, et leur donner à feuilleter des livres dans lesquels ils pourront trouver toutes sortes d'idées et de techniques pour créer des déguisements.

Écouter les propositions, en débattre en grand groupe et décider du choix définitif d'un costume.

Dans les exemples donnés dans cet ouvrage, les enfants projettent de réaliser :

– en PS, pour les habitant du pays des couleurs : création d'une perruque, d'un loup, d'une collerette et d'une baguette dans un camaïeu de la couleur de son choix ;

– en MS, pour les habitants du pays des grosses têtes : création de grosses têtes, de chapeaux, de bracelets et de masses d'armes ;

– en GS, pour les habitants du pays des robots : création de masques, de manchettes, de plastrons, de cylindres.

Un temps pour créer des costumes

Au temps collectif pour imaginer, projeter et arrêter le choix des costumes, succède un temps d'exécution pour lequel les enfants sont répartis, tour à tour, dans des ateliers différents en fonction de la tâche à réaliser. Il ne s'agit pas pour eux de créer des costumes semblables, mais bien d'exercer leur créativité afin que le costume réalisé par chacun soit unique. Pour que chaque enfant puisse choisir ses couleurs, ses matériaux, ses formes..., il est important d'en prévoir un grand choix lors de l'organisation de chaque atelier. Il serait cependant utopique de penser que de jeunes enfants peuvent réaliser entièrement leur costume*. C'est pourquoi beaucoup de créations, en particulier pour les enfants de petite section, nécessitent la contribution de l'Atsem et de l'enseignant.

Afin de mettre en valeur les costumes créés, les vêtements des enfants sont recouverts de sacs plastique, noirs ou gris, utilisés pour les poubelles. Sacs de 50 litres pour le corps et de 20 litres pour les manches (voir photo p. 57).

* Il faut penser à apporter un soin particulier à la solidité de ces costumes, et à leur tenue sur l'enfant afin que celui-ci puisse bouger aisément.

CRÉER

PS -MS -GS

Au pays des couleurs (PS), Au pays des grosses têtes (MS), Au pays des robots (GS)

Domaines

– S'approprier le langage et devenir élève.
– Découvrir le monde.
– Percevoir, sentir, imaginer, créer.

Objectifs d'apprentissage

– Réaliser une création personnelle.
– Utiliser des outils, des matériaux.

Compétences de fin d'école maternelle

– Reconnaître, nommer, décrire, comparer, ranger et classer des matières, des objets selon leurs qualités et leurs usages.
– Adapter son geste aux contraintes matérielles (instruments, supports, matériels).
– Réaliser une composition en plan ou en volume selon un désir exprimé.
– Prendre en compte la valeur esthétique.

Indicateur de réussite

Une création personnelle aboutie.

Type de situation

Création plastique.

Dispositif

Organisation

En ateliers de 5 à 6 élèves.

Matériel

– Prévoir des protections pour les enfants (grandes blouses ou tabliers).
– La colle utilisée dans les ateliers est de la colle vinylique extra-forte à prise rapide.
Le matériel à utiliser pour chaque section est détaillé ci-après.

Durée

Autant de fois que nécessaire de 20 à 30 minutes.

Déroulement des séances

Petite section : Au pays des couleurs

Matériel

• Les perruques :

– Les coiffes préparées en cartonnette de couleurs variées (voir les dimensions et les explications de montage pp. 50 et 58 et dans le CD-Rom).

– Du papier de soie, de la grosse laine, du raphia, des bouchons colorés, des rubans…

– Des boules de cotillon de toutes les couleurs.

– Des pots de colle et des pinceaux.

– Des ciseaux à bouts ronds.

• Les loups :

– Le modèle découpé (voir les différents patrons dans le CD-Rom).

– Des pots de peinture pailletée de toutes les couleurs.

– Assortiment de pinceaux et de brosses.

– Des paillettes, des plumes, des perles, des gommettes… de toutes les couleurs.

– Des pots de colle et des pinceaux.

– Un élastique à chapeau sera agrafé par l'enseignant quand la décoration de chaque loup sera terminée.

Selon les compétences des élèves, il est possible de leur donner des petits rouleaux de 3 cm de large qu'ils découpent à la longueur d'un gabarit donné.

• Les collerettes :

– Les supports préparés (assiettes en carton évidées).

– Des bandes de papier crépon (30 x 3 cm) de toutes les couleurs.

– des pots de colle et des pinceaux.

• Les baguettes :

– Des tourillons de 50 cm de longueur et de 5 à 8 mm de diamètre.

– Des pots de peinture acrylique de toutes les couleurs.

– Un pot de verre (yaourt) pour poser chaque baguette et de la pâte à modeler.

Placer de la pâte à modeler au fond du pot pour en assurer la stabilité.

– Des pots de colle et des pinceaux.

– Des bandes de papier crépon de toutes les couleurs de 5 x 1 cm (5 par enfant).

– Des cotons-tiges.

– De la peinture dorée.

PS : Au pays des couleurs*

*Consigne à respecter dans tous les ateliers : Respecter son choix de couleur en utilisant la gamme des nuances.

	Atelier 1 Les perruques	Atelier 2 Les loups	Atelier 3 Les collerettes	Atelier 4 Les baguettes
Préparation (enseigant)	Monter les coiffes. Voir les étapes dans le CD-Rom et p. 50.	Créer des gabarits à l'aide du patron proposé dans le CD-Rom.	Évider les assiettes en carton.	Se procurer les tourillons et les couper pour réaliser des baguettes de 50 cm.
Temps technique (élèves)	Coller des matériaux d'une seule ou de plusieurs catégories sur le support. 	• 1re étape : Peindre uniformément le loup. • 2e étape : Décorer à son gré par saupoudrage de paillettes sur la colle, par collage de plumes, de gommettes, de perles… 	• 1re étape : Coller les bandes de papier, par une extrémité, côte à côte, sur le support. • 2e étape : Renouveler l'opération sur plusieurs rangs. 	• 1re étape : Peindre la baguette qui tient dans le pot de verre jusqu'à la moitié de celle-ci. • 2e étape : Peindre le morceau de baguette restant. • 3e étape : Décorer la baguette à son goût à l'aide d'un coton-tige trempé dans de la peinture dorée. • 4e étape : Coller 5 bandes de crépon, en les superposant sur l'un des sommets. 

Au choix de chaque enfant :
– une couleur, avec la diversité de ses nuances, pour l'ensemble du costume ;
– la forme du loup et sa décoration ;
– les matériaux utilisés.

Moyenne section : Au pays des grosses têtes

Matériel

- **Les grosses têtes :**

– Des sacs en papier de 100 litres (80 x 60 cm), type tri sélectif des déchets végétaux ou les sacs servant au transport du pain pour les collectivités.

– Un assortiment de pots de peinture.

– Des pots de yaourts et de petits suisses, des boîtes à fromage, des rouleaux divers…

– Du papier journal, du papier de soie, du papier crépon, du carton ondulé.

– De la laine, du raphia…

– Des bouchons, des capsules…

- **Les chapeaux :**

– Des disques de carton de 30 cm de diamètre servant de gabarit.

– Des carrés de bristol ou de cartonnette de 35 x 35 cm.

– Une agrafeuse.

– Des pots d'encre de toutes les couleurs.

– Des plumes, des boules de cotillon, des capsules colorées.

- **Les bracelets :**

– Un rectangle de carton de 14 x 4,5 cm servant de gabarit (voir patron dans le CD-Rom).

– Des rectangles de cartonnette de couleur de 14 x 14,5 cm (2 par enfant).

– Des boules de cotillon.

– Plusieurs perforeuses.

– Du raphia de toutes les couleurs.

– Des doubles décimètres.

– De la colle.

– Des ciseaux.

- **Les masses d'armes :**

– Des rectangles de carton ondulé de 40 x 12 cm avec les cannelures dans le sens de la longueur.

– Des brins de ficelle de 80 cm (au bout de chacun, l'enseignant aura fait un gros nœud).

– Du papier journal.

– Un rouleau de ruban adhésif.

– De la colle à papier peint.

– Un assortiment de pots de peinture acrylique.

MS : Au pays des grosses têtes

	Atelier 1 Les grosses têtes	Atelier 2 Les chapeaux	Atelier 3 Les bracelets	Atelier 4 Les masses d'armes
Préparation (enseignant)	Se procurer des grands sacs en papier de 100 litres.	Créer des gabarits de 30 cm (voir photos CD-Rom et cahier couleur).	Préparer deux bandes de bristol par enfant à l'aide du patron proposé dans le CD-Rom.	Préparer les rectangles de carton ondulé et les brins de ficelle.
Temps technique (élèves)	• 1re étape : Passer une couche de peinture blanche sur le sac. • 2e étape : Peindre le sac de la couleur pastel de son choix.* • 3e étape : Coller toutes sortes de matériaux pour donner du relief au visage (pot de petits suisses pour le nez, pots de yaourts pour les oreilles, laine ou ficelle pour les cheveux…). • 4e étape : Bourrer le sac à moitié de doubles feuilles de journal froissées. Terminer par une feuille déployée fixée par du ruban adhésif. Pratiquer des trous de part et d'autre dans le dernier quart du sac, afin que l'enfant passe les bras. Repérer l'emplacement des yeux et pratiquer l'ouverture.  * Faire le mélange de la couleur et du blanc jusqu'à obtenir la nuance souhaitée.	• 1re étape : Tracer un cercle sur le bristol à l'aide du gabarit. • 2e étape : Découper le disque délimité. • 3e étape : Peindre avec les encres suivant sa fantaisie. • 4e étape : Former et agrafer le cône*. Terminer en décorant son sommet.  * Si nécessaire, l'enseignant apporte son aide.	• 1re étape : Perforer la bande de bristol en suivant les repères tracés à 1 cm du bord. • 2e étape : Coller les boules de cotillon bien serrées les unes contre les autres. • 3e étape : Couper des brins de raphia en utilisant un double-décimètre pour les mesurer, les passer dans les trous et nouer*.  * Si nécessaire, l'enseignant apporte son aide en expliquant comment nouer.	• 1re étape : Enrouler (en serrant bien) un rectangle de carton ondulé autour d'une extrémité de la ficelle. Prendre soin de laisser dépasser le nœud. Fixer avec du ruban adhésif. • 2e étape : Recouvrir la baguette ainsi formée de bandes de papier journal encollées. • 3e étape : Peindre la baguette en la tenant verticalement. • 4e étape : Fabriquer une boule en froissant des feuilles de journal autour de la seconde extrémité de la ficelle. Veiller à laisser dépasser le nœud. • 5e étape : Envelopper la boule d'aluminium. 

Au choix de chacun :
– la couleur du visage, la forme des éléments le constituant et les matériaux utilisés ;
– la décoration du chapeau ;
– la couleur des éléments utilisés pour le bracelet (même couleur, couleurs variées ou en respectant un algorithme) ;
– la décoration du manche de la masse d'arme.

Variantes :
– Créer deux visages, l'un à l'avant du sac, l'autre à l'arrière, avec deux expressions différentes ou avec d'autres matériaux.
– Choisir un autre accessoire, par exemple, une massue par exemple.

Grande section : Au pays des robots

Matériel

• Les masques

– De grandes boîtes d'emballage de céréales.
– Un rouleau d'aluminium ménager.
– Des paillettes.
– De la colle.
– Des rouleaux de plastique holographique de toutes les couleurs.
– Du crépon métallisé.
– Des petits moules en aluminium.
– Un élastique plat sera agrafé par l'enseignant quand la décoration de chaque masque sera finie.

• Les manchettes

– Des rectangles de bristol de 15 x 30 cm.
– De l'aluminium à repousser et des journaux.
– Des pointes sèches.
– De la peinture vitrail à l'eau ou de l'encre.
– Des pinceaux.
– Des chiffons.
– Des agrafeuses.

• Les plastrons

– Un gabarit en carton de 35 x 25 cm.
– Du carton (choisir un carton rigide mais pas trop épais, pour que les enfants puissent le découper et le perforer).
– De la peinture métallisée.
– De la colle.
– Des perforeuses.
– Des paillettes.
– Des rouleaux de plastique holographique de toutes les couleurs.
– Du crépon métallisé.
– Des pots de petits suisses, des boutons...

• Les cylindres

– Des rouleaux d'essuie-tout en carton (1 par enfant).
– Du ruban adhésif.
– Un rouleau d'aluminium.
– De la colle.
– Des paillettes.

GS : Au pays des robots

	Atelier 1 Les masques	Atelier 2 Les manchettes	Atelier 3 Les plastrons	Atelier 4 Les cylindres
Préparation (enseignant)	Se procurer des grandes boîtes de céréales et en découper l'arrière. Voir photos dans le CD-Rom et le cahier couleur.	Préparer deux rectangles de 15/30 cm par enfant.	Créer des gabarits de 35/25 cm.	Se procurer des rouleaux d'essuie-tout en carton.
Temps technique (élèves)	• 1re étape : Recouvrir la boîte d'aluminium. • 2e étape : Coller toutes sortes de matériaux pour composer le visage. • 3e étape : Décorer de signes graphiques* dessinés à la colle et saupoudrés de paillettes.  * Reproduire les mêmes signes sur tous les accessoires pour personnaliser son costume.	• 1re étape : Poser une feuille d'aluminium à repousser sur une épaisseur de journaux et dessiner à la pointe sèche. • 2e étape : Étendre l'encre au pinceau sur l'aluminium, puis essuyer avec le chiffon ou peindre à la peinture vitrail. • 3e étape : Rouler et agrafer le cylindre* pour former les manchettes.** • 4e étape : Enrouler la feuille d'aluminium sur le cylindre et en replier les bords à l'intérieur.  * L'enseignant apporte son aide si nécessaire. ** Veiller à ajuster les manchettes au bras de chaque enfant en tenant compte du port d'un vêtement (anorak, manteau).	• 1re étape : Tracer la forme du plastron à l'aide du gabarit et perforer à l'emplacement de chaque trou. • 2e étape : Découper le plastron. • 3e étape : Peindre à la peinture métallisée. • 4e étape : Découper et coller des morceaux de papiers métallisés et de matériaux de toutes sortes. • 5e étape : Enfiler dans les trous 90 cm de lien pour fixer le plastron sur l'enfant (voir photo dans le CD-Rom). 	• 1re étape : Enrouler le cylindre dans une feuille d'aluminium ménager. • 2e étape : Décorer de signes graphiques, dessinés à la colle et saupoudrés de paillettes (comme pour le masque). • 3e étape : Découper des bandes de papier crépon métallisé, et les coller par l'extrémité supérieure à l'intérieur du tube. 

Au choix de chacun :
- les matériaux à coller ;
- la composition graphique ;
- les couleurs et les formes découpées dans le papier métallisé ;
- l'agencement de ces éléments.

Variantes :
- Peindre les masques à la peinture métallisée ou nacrée.
- Coller des boutons en métal sur le plastron.

Un temps pour créer des danses

Le projet propose la mise en scène d'un défilé dansé sur une musique identique choisie par les enseignants* pour toutes les classes. Cette musique est enregistrée sur plusieurs magnétophones (ou lecteurs CD) portés par des adultes placés en différents points du défilé afin qu'elle soit entendue par tous les enfants.

On peut choisir de faire évoluer chaque classe sur une musique différente. Dans ce cas-là, lors du défilé**, les classes devront respecter un espacement suffisant entre elles pour que les musiques ne se mélangent pas.

Au cours de son déplacement, chaque enfant utilise un accessoire pour favoriser ses gestes, pour les prolonger, les amplifier et animer son personnage.

* Voir les propositions de musiques, page 49. Noter que nous donnons notre préférence aux musiques de fanfare produites par des «cuivres» (trompettes, trombone, tubas) et des «percussions» (tambours de marche, grosses caisses, cymbales...).

** Il est conseillé de prendre contact avec la SACEM locale qui réclame une somme modique pour ce type de manifestation.

CRÉER

PS -MS -GS

Rechercher un déplacement esthétique

Domaines

– Agir et s'exprimer avec son corps.
– Percevoir, sentir, imaginer, créer.

Objectifs d'apprentissage

– Occuper l'espace.
– Se situer par rapport à autrui.
– Coopérer.
– Se déplacer sur un rythme.
– Utiliser un accessoire dans une recherche esthétique.

Compétences de fin d'école maternelle

– S'exprimer sur un rythme musical. Exprimer des sentiments et des émotions par le geste et le déplacement.
– Se repérer et se déplacer dans l'espace.
– Adapter ses déplacements à des contraintes variées.
– Accepter les contraintes collectives.

Indicateur de réussite

Une recherche active pour un résultat esthétique.

Type de situation

Action, expression.

Dispositif

Organisation

Les enfants occupent la salle d'évolution.

Matériel

– Lecteur de CD ou magnétophone pour passer la musique choisie.
– Les accessoires propres à chaque classe : baguettes pour PS, masses d'armes pour MS et cylindres pour GS.
– Document récapitulatif des trios pour la quatrième séance.

Durée

4 fois 30 à 40 minutes et plusieurs séances identiques, si nécessaire.

Déroulement des séances

Première séance : Rechercher des déplacements en rythme sur la musique

Les trois premières phases concernent l'écoute musicale.

1re phase

Réunir les enfants et expliquer qu'au cours des séances à venir, ils vont s'entraîner pour défiler en cortège le jour du carnaval.

Expliquer qu'il faut d'abord apprendre à marcher sur le rythme de la musique et apprendre à marcher tous ensemble sans se bousculer.

Lancer une première écoute musicale.

Faire s'exprimer les réactions. Favoriser l'emploi des qualificatifs comme rapide, lent, fort, doux, grave, aigu…

Voir, dans le CD-Rom, les photos des instruments de musique utilisés le plus souvent dans les fanfares (trombone, hélicon, soubassophone…).

2e phase

Proposer une deuxième écoute attentive. Demander d'être vigilant, l'idée étant de reconnaître les instruments que l'on entend.

À la fin de l'audition, écouter les propositions des enfants. Demander des précisions sur les instruments reconnus ainsi que des explications sur leur fonctionnement.

Montrer les photos des instruments principaux, faire commenter et compléter en proposant, au fur et à mesure, les termes utiles : embouchure, pavillon, baguettes, boutons, cuivres, instruments à vent, instruments à percussion…

3e phase

Lors d'une dernière écoute, demander de taper le rythme dans les mains. Inciter les enfants à se lever pour évoluer sur ce rythme.

Il est à noter que les fanfares qui escortent les défilés du carnaval jouent la même phrase musicale, qui est ainsi répétée obstinément (ostinato).

Recommander aux enfants d'occuper tout l'espace et de ne pas rester groupés. Laisser chacun évoluer sur le rythme librement.

Pour les moyens et les grands, rappeler le personnage à animer : *Comment peuvent se déplacer des grosses têtes, des robots ?*

Écouter les trouvailles de chacun. Attirer l'attention sur telle ou telle, et demander aux enfants de la reproduire.

Conclure en adoptant un type de déplacement. Par exemple, des pas pesants pour les grosses têtes, des pas saccadés pour les robots.

Ces pas seront utilisés tout au long des séances suivantes.

4e phase

Donner la consigne d'évoluer par deux, et laisser les couples occuper l'espace librement.

Rechercher toutes les façons de se tenir à l'autre en continuant à évoluer : *Les partenaires se tiennent par la main, par les deux mains, bras dessus, bras dessous, par les épaules…*

Attirer l'attention sur la manière dont un couple se tient et demander aux autres couples de la reproduire, à plusieurs reprises.

5e phase

Proposer aux enfants d'évoluer par deux, l'un derrière l'autre, sans se tenir.

Arrêter la musique de temps en temps, et constater la disposition des couples : les partenaires sont trop près, trop serrés ou trop loin l'un de l'autre ; d'autres respectent une distance qui semble satisfaisante. Évaluer cette distance à la longueur d'un bras tendu et décider quelle sera celle à respecter.

Continuer à évoluer en musique en recherchant cette bonne distance. Constater la nécessité de régler son pas sur celui de son partenaire.

6e phase

Toujours par deux, proposer d'évoluer côte à côte en respectant la distance convenue.

Arrêter la musique de temps en temps et constater la disposition des couples.

Continuer les déplacements en changeant de partenaire au signal donné.

Deuxième séance : Évoluer en cortège

1re phase

Réunir les enfants et rappeler les recherches de la séance précédente.

Résumer les difficultés rencontrées pour évoluer sans se tenir, pour adapter sa marche à celle de l'autre.

Rappeler qu'il ne faut pas être trop près, qu'il ne faut pas être pas trop loin… Redire que chaque enfant doit respecter la longueur d'un bras tendu entre lui et son voisin.

Proposer de reprendre la même évolution par deux, côte à côte, en pensant bien à respecter ce qui a été dit. Chaque couple évolue dans tout l'espace en prenant soin d'éviter les autres couples.

2e phase

Laisser le temps aux trios de se former.

Donner la consigne d'évoluer par trois, côte à côte, sans se tenir.

Rappeler les recommandations sur les distances à respecter. Recommander d'occuper tout l'espace et d'éviter les autres groupes.

Laisser les enfants évoluer librement sur le rythme.

Arrêter la musique et constater la position de chaque membre des trios.

Recommencer les évolutions pour perfectionner, autant de fois que nécessaire.

Venir en aide aux plus jeunes, si nécessaire.

3e phase

Aider les plus jeunes à adopter cette formation.

Réunir les enfants et expliquer qu'il faut ordonner les trios pour former un cortège. Souligner l'importance du rôle de conducteur du trio de tête.

Laisser évoluer sur le rythme librement.

Arrêter la musique, et constater la position de chaque membre du cortège.

Attirer l'attention sur une nouvelle difficulté : respecter la distance avec son prédécesseur. Recommencer les évolutions pour perfectionner, autant de fois que nécessaire.

4e phase

Continuer à évoluer en cortège en changeant le trio conducteur : Quand la musique s'arrête, il passe en queue de cortège. Quand la musique reprend, le trio suivant conduit à son tour, et ainsi de suite jusqu'à ce que tous les trios soient devenus conducteurs.

À la fin de la séance, immobiliser le cortège et demander aux enfants de regarder l'ordre dans lequel ils sont rangés : *« Qui compose mon trio ? Quel trio est le premier ? Derrière qui suis-je rangé ? Qui est derrière moi ? »*

Informer les enfants que les trios constitués le resteront pour l'ensemble du défilé.

De retour dans la classe, écrire sous leurs yeux, avec l'aide de chacun, les prénoms des élèves qui composent chaque trio dans l'ordre de leur rang (voir modèle de tableau dans le CD-Rom).

Exemple :

Tableau récapitulatif des trios		
Irina	Léo	Johana
Youssef	Jean	Éléa
Clémence	Hugo	Mamadou

Troisième séance : Danser avec un accessoire

1re phase

Réunir les enfants munis de leur accessoire, et rappeler que cet accessoire complète leur costume et sert à animer leur personnage lors du défilé.

Proposer d'évoluer en respectant le rythme de déplacement adopté lors des précédentes séances, en recherchant toutes les façons de le tenir, de le montrer.

Laisser chacun évoluer librement.

Selon le costume choisi, le personnage à animer est différent et l'accessoire ne se manie pas de la même façon. Ainsi, la baguette des petits incite à des gestes esthétiques, la massue des moyens à des gestes toniques, le cylindre des grands à des gestes saccadés.

2e phase

Attirer l'attention sur le geste d'un enfant, lui demander de le décrire et suggérer aux autres de le reproduire…

Recommencer ce même procédé à plusieurs reprises. Laisser les enfants faire des recherches de plus en plus fines.

Les commenter : Bras tendu, bras fléchi, devant, derrière, sur le côté, de gauche à droite, de droite à gauche, en haut, en bas…

3e phase

Réunir les enfants pour faire le point sur leurs trouvailles.

Dire l'importance de bouger le corps et la tête pour accompagner la manipulation de l'objet. Faire expliquer et montrer la position remarquée de tel ou tel enfant : comment pivoter autour de la taille, bouger les épaules, faire des gestes avec le bras libre, tourner la tête, la mouvoir de haut en bas et de bas en haut, coordonner le mouvement de la tête et de la main qui tient l'objet pour suivre celui-ci du regard, etc.

4e phase

Laisser les enfants continuer leurs recherches en mettant à profit les commentaires précédents.

Attirer tour à tour l'attention sur les réussites de chacun et inciter les autres à les reproduire.

5e phase

Demander aux enfants d'évoluer en répétant, en enchaînant, à leur gré, tous les gestes trouvés.

Quatrième séance : Évoluer en cortège dansé avec un accessoire

1re phase

Demander aux enfants de retrouver leurs partenaires pour former un cortège de trios.

S'aider du tableau récapitulatif des trios.

Faire énumérer trois règles essentielles de la marche dansée en cortège :

1. Respecter les distances, penser aux partenaires qui évoluent à côté et devant soi.

2. Penser à son personnage et avancer en rythmant ses pas sur la musique de telle ou telle façon.

3. Accompagner la manipulation de son accessoire de toutes sortes de mouvements corporels.

À noter que les 2e, 3e et 4e phases sont des phases d'entraînement à répéter selon la nécessité.

Un temps pour mettre en commun

Après les activités de création de costumes et de danses, il est temps pour chaque classe de montrer ses réalisations aux autres sections.

METTRE EN COMMUN

Montrer et partager ses expériences

PS -MS -GS

Domaines

– S'approprier le langage et devenir élève.
– Découvrir le monde.
– Percevoir, sentir, imaginer, créer.

Objectifs d'apprentissage

– Savoir communiquer, expliquer, décrire.
– Pratiquer les règles de la critique positive.

Compétences de fin d'école maternelle

– Expliquer et montrer aux autres.
– Formuler une description en se faisant comprendre.
– Dialoguer avec les autres pour donner ses impressions.
– Utiliser un vocabulaire adapté pour évoquer une réalisation.
– Comprendre un camarade qui parle, qui apporte des informations nouvelles.

Indicateur de réussite

Un moment d'information constructif.

Type de situation

Communication.

Dispositif

Organisation

Deux organisations différentes sont adoptées :
– Pour montrer les costumes, trois ambassadeurs sont désignés par leurs pairs. Deux sont costumés, le troisième est le présentateur. Tous les trois vont d'une classe (la classe est préalablement informée de cette visite et en connaît la raison) à l'autre pour montrer et expliquer.
– Pour montrer les danses, toutes les classes sont réunies dans la salle d'évolution, et chacune se produit à son tour devant les autres.

Matériel

– Deux costumes terminés par classe.
– Les accessoires qui accompagnent la danse.

Durée

– 1 fois 20 à 30 minutes pour préparer la présentation des costumes et la réception des ambassadeurs.
– 2 fois 15 minutes pour la présentation des costumes dans les classes.
– 2 fois 20 à 30 minutes pour la présentation des danses dans la salle d'évolution.

Déroulement des séances

Première séance : Préparer la présentation des costumes et recevoir les ambassadeurs

1re phase

Expliquer le dispositif aux enfants : chaque classe va faire découvrir son costume aux autres classes.

Dire que deux enfants seront costumés tandis qu'un troisième les accompagnera pour les présenter. Demander trois volontaires.

Si les volontaires sont nombreux, ce qui est souvent le cas, mettre les étiquettes de leur prénom dans un sac et tirer au sort.

Laisser les trois enfants décider entre eux qui sera le porte-parole en demandant, malgré tout, l'approbation de la classe.

2e phase

Envisager le déroulement de la présentation : Comment se présenter et saluer en entrant dans la classe ?

Laisser les enfants faire des suggestions, les récapituler, les ordonner et redire la formule qui semble recueillir la préférence de la majorité. Par exemple : *« Bonjour à tous, nous sommes les élèves de la section des moyens. Je suis Dorothée, je suis Rachida, je suis Léo. Nous sommes venus vous présenter nos costumes de carnaval. »*

Comment présenter le déguisement et en expliquer le choix ? Laisser les enfants faire des suggestions, les récapituler, les ordonner, et redire la formule qui semble recueillir la préférence de la majorité. Par exemple : *« Nous avons choisi de nous déguiser en habitants du pays des grosses têtes parce que c'est amusant. »*

3e phase

Comment décrire le costume ?

Proposer un scénario dans lequel le porte-parole explique tandis que les deux enfants costumés montrent les différents éléments du costume qu'il décrit.

Théâtraliser la présentation, faire accentuer les gestes.

Insister auprès des enfants pour qu'ils emploient un lexique précis : faire un demi-tour, pivoter, désigner du doigt, allonger la jambe, faire une révérence…

4e phase

Comment recevoir les ambassadeurs des deux autres classes quand ils viendront présenter leurs costumes ?

Laisser les enfants faire leurs suggestions, les récapituler, les ordonner, et redire la formule qui semble recueillir la préférence de la majorité. Il faudra regarder, écouter, questionner.

Quelles questions poser ?

Demander des précisions sur les matériaux utilisés, sur les techniques employées, sur les couleurs…

Parler des difficultés rencontrées, distinguer ce qui a été facile de ce qui a été difficile.

Penser à féliciter, remercier les ambassadeurs. Dire, par exemple : *« Nous vous remercions et nous vous félicitons d'avoir réussi des costumes aussi jolis, aussi colorés… »*

Les spectateurs sont installés autour de la piste d'évolution tandis que la classe qui danse en occupe le centre.

Deuxième séance : Être tour à tour acteur et spectateur / Montrer sa danse et regarder celle des autres

1re phase

Écouter le morceau de musique sur lequel chaque classe a construit sa chorégraphie.

2e phase

Présenter la première évolution.

Solliciter les commentaires pour une critique positive et constructive.

3e phase

Présenter la deuxième évolution.

Solliciter les commentaires pour une critique positive et constructive.

4e phase

Présenter la troisième évolution.

Solliciter les commentaires pour une critique positive et constructive.

On peut tirer à la courte paille pour savoir qui commence. Les petits ont la paille la plus courte, les moyens, la moyenne, etc. Il appartient à la classe de décider si elle tient compte des suggestions proposées. Dans le cas où elle approuve ces nouvelles idées, elle peut les mettre en pratique en reprenant sa danse. Dans ce cas, prévoir une séance supplémentaire.

Un temps pour se repérer

Les PS, MS et GS sont réparties en groupes hétérogènes.

Les groupes formés lors de la mise en place du projet sont à nouveau recomposés pour faciliter l'approche de la difficile notion d'espace.
Pour bien organiser cette sortie, il est nécessaire d'en définir préalablement le parcours entre enseignants et de prévenir les services municipaux afin qu'ils sécurisent le plus possible la zone choisie. L'idéal est d'interrompre la circulation sur celle-ci le temps du défilé. Si ce n'est pas possible, demander de poser des barrières de protection le long des trottoirs. Pour la sécurité des enfants, prévoir un encadrement d'adultes supérieur à la règle de 1 pour 8.

SE REPÉRER

PS -MS -GS

Reconnaître et se reconnaître dans le quartier de l'école

Domaines
- S'approprier le langage et devenir élève.
- Découvrir le monde.

Objectif d'apprentissage
Se repérer dans un espace réel et sur un plan simple.

Compétences de fin d'école maternelle
- Comprendre et utiliser à bon escient le vocabulaire du repérage et des relations dans le temps et dans l'espace.
- Décrire ou représenter un parcours simple.
- Se repérer et se déplacer dans l'espace.

Indicateur de réussite
Décrire un parcours en énumérant chronologiquement des points de repère.

Type de situation
Reconnaissance et mémorisation d'un parcours.

Dispositif

Organisation
- En grand groupe.
- Prévoir l'encadrement par les adultes (1 pour 8 enfants).

Matériel
- Un plan très agrandi du quartier.
- Un gros feutre rouge.

Durée
- 1 fois 45 minutes pour la première séance.
- 1 fois 20 à 30 minutes pour la deuxième séance.

Première séance : Identifier le parcours et aller en reconnaissance

1re phase

Annoncer aux enfants que le défilé fera le tour du quartier et donner quelques repères : Il passera devant la mairie, devant le supermarché, près de la Poste ; il faudra tourner dans la rue de l'épicerie…

Répondre aux questions.

2e phase

Montrer un plan agrandi du quartier sur lequel apparaissent l'école et les différents repères cités : Croix de la pharmacie, enseigne de la Poste, du supermarché, nom des rues…

Demander aux enfants de les identifier et désigner tour à tour quelques-uns d'entre eux pour les montrer.

Apporter son aide en citant le nom des rues ou des monuments…

3e phase

Partir en reconnaissance en donnant pour consigne de bien se souvenir du chemin suivi.

Au cours du parcours, relever des indices utiles (pancartes de circulation, sens interdit, sens giratoire, détails d'architecture, balcon bleu, porte verte, jardins, allées…).

4e phase

De retour en classe, instaurer la communication : *Que dire sur ce parcours ?*

Demander des précisions favorisant l'utilisation d'un lexique spatio-temporel : *On passe d'abord devant, puis on tourne autour, ensuite on arrive près de….*

5e phase

Enrichir le plan en situant tous les indices repérés.

Tracer le parcours au gros feutre rouge.

Écrire les noms principaux : ÉCOLE, POSTE, MAIRIE…

Deuxième séance : Se remémorer le parcours

1re phase

Récapituler la 1re séance.

Placer le groupe devant le plan, et faciliter les commentaires.

Faire énoncer les différents indices. Dire ceux que l'on connaissait avant de partir et ceux que l'on a ajoutés au retour.

2e phase

Faire énumérer les principaux points de passage dans l'ordre chronologique en suivant le tracé du parcours sur le plan.

Parler du point de départ, du point d'arrivée.

Veiller à faire employer et à proposer, si nécessaire, un vocabulaire précis : *Tourner à droite, à gauche, traverser la rue au passage protégé…*

3e phase

Soustraire le plan au regard des enfants, et faire énumérer chronologiquement les points de passage.

Établir, sous la dictée des élèves, un aide-mémoire reprenant les repères essentiels. Par exemple :

Accompagner les mots d'un pictogramme. Dessiner une porte verte, un toboggan pour le square, un drapeau pour la mairie…

ÉCOLE	PORTE VERTE	LA POSTE	SUPERMARCHÉ	BALCON BLEU	SQUARE	MAIRIE	ÉCOLE

4e phase

Faire énumérer les points de passage par chacun, en suivant l'ordre du référent.

Terminer la séance en annonçant le prochain rassemblement de toutes les classes pour mettre le défilé au point.

Un temps pour mettre au point le défilé dansé et pour défiler

DÉFILER

PS -MS -GS

S'intégrer à un grand groupe pour donner un spectacle

Domaines

– Agir et s'exprimer avec son corps.
– Percevoir, sentir, imaginer, créer.

Objectif d'apprentissage

Coopérer pour créer un spectacle collectif.

Compétences de fin d'école maternelle

– S'exprimer sur un rythme musical.
– Adapter ses déplacements à des contraintes variées.
– Se repérer et se déplacer dans l'espace.

Indicateur de réussite

Un défilé harmonieux.

Type de situation

Recherche, répétition.

Dispositif

Organisation

– Toutes les classes ensemble.
– Les adultes qui assurent l'encadrement participent aux répétitions.
– La répétition a lieu dans la cour de récréation.

Matériel

– La liste récapitulative des trios.
– Les accessoires pour les répétitions.
– Les costumes le jour du défilé.
– Trois ou quatre magnétophones ou lecteurs de CD pour diffuser la musique.

Durée

– 1 fois 45 minutes pour la première séance, à renouveler si nécessaire.
– 1 fois 45 à 60 minutes selon le parcours pour la deuxième séance.

Première séance : Adopter une formation et s'entraîner à défiler

1re phase

Les enfants qui ont été informés dans leur classe respective du but de cette séance sont regroupés pour écouter les premières consignes :

– chaque classe se regroupe en cortège selon la formation en trio qu'elle connaît;
– le défilé est conduit par la classe des grands, à laquelle succède la classe des petits, puis celle des moyens;
– le trio conducteur entraîne le cortège dans la cour de récréation.

2e phase

Lorsque le défilé est ordonné, les consignes suivantes sont données :

– on démarre lorsqu'on entend la musique;
– on pense à respecter les distance avec ses partenaires;
– on adopte le pas rythmé choisi pour animer son personnage;

– on manipule son accessoire en prenant soin de ne pas toucher ses voisins;
– on écoute les conseils ou les ordres des adultes.

Les phases suivantes sont consacrées à l'entraînement du défilé dansé.

Cette séance se répète autant de fois que nécessaire.

De retour en classe, les impressions sont échangées.

Chaque classe peut être précédée d'un panneau portant le nom de son pays (Pays des couleurs, Pays des grosses têtes, Pays des robots). Ces panneaux auront été écrits par les enfants de la section des grands lors d'un atelier d'écriture. Ces élèves pourront aussi rédiger des affiches annonçant l'événement.

Deuxième séance : Défiler

1re phase

Chaque classe se regroupe en cortège selon la formation en trio qu'elle connaît. Les adultes accompagnateurs se répartissent le long du cortège.

Deux adultes encadrent le trio conducteur. Un adulte en tête de chaque classe transporte l'appareil qui diffuse la musique.

2e phase

Les consignes de la 1re séance, 2e phase, sont rappelées :

– on démarre lorsqu'on entend la musique;
– on pense à respecter les distance avec ses partenaires;
– on adopte le pas rythmé choisi pour animer son personnage;
– on manipule son accessoire en prenant soin de ne pas toucher ses voisins;
– on écoute les conseils ou les ordres des adultes.

3e phase

Le défilé effectue son parcours.

4e phase

De retour à l'école, les enfants dégustent gâteaux, boissons et friandises en compagnie de leurs parents.

La plupart des parents acceptent en général d'en faire pour l'occasion.

Un temps pour évaluer

Il est important que, tout au long du projet, les enfants puissent mesurer leurs apprentissages. C'est pourquoi, plusieurs dates* d'évaluation sont programmées dans les fiches ci-après.
Ces fiches sont remplies lors d'un important moment de tête à tête entre chaque enfant et son enseignant. Chaque critère fait, alors, l'objet d'échanges, de commentaires, de précisions... À la fin du projet, les fiches d'évaluation assurent la liaison entre l'école et la maison, elles permettent de renseigner les parents sur les compétences acquises par leurs enfants.

* La première date concerne l'évaluation des trois premiers temps, la deuxième date, l'évaluation du quatrième temps et la troisième date, celle des quatrième et cinquième temps.
La quatrième date se situe après le défilé. Les critères retenus permettent à l'enfant de mesurer ses émotions lors de la manifestation.

Préparer le carnaval – PS

Date :			
J'ai appris / Je sais	Oui	Un peu	Non
Classer, trier des photos et des images			
Observer et décrire un document vidéo			
Décrire des costumes de carnaval			
Nommer les accessoires pour se déguiser			
Expliquer pourquoi l'on se déguise			
Prendre des repères sur un calendrier			
Nommer des matériaux			
Décrire les caractéristiques et l'utilité de ces matériaux			
Reconnaître les couleurs et leurs nuances			
Coller			
Peindre			
Décorer			
Date :			
Marcher sur le rythme d'une musique			
Marcher avec des partenaires			
Marcher en file			
Danser avec un accessoire			
Date :			
Prendre des repères sur un parcours			
Placer des repères sur un plan			
Rappeler un parcours en citant chronologiquement les repères			
Défiler en tenant compte de mes partenaires			
Après le défilé **Date :**			
J'ai aimé défiler			
J'ai fait comme on avait dit			
J'ai ri			
J'ai eu peur			
J'aimerais recommencer l'an prochain			

Préparer le carnaval – MS

Date :			
J'ai appris / Je sais	**Oui**	**Un peu**	**Non**
Classer, trier des photos et des images			
Observer et décrire un document vidéo			
Décrire des costumes de carnaval			
Nommer les accessoires pour se déguiser			
Expliquer pourquoi l'on se déguise			
Prendre des repères sur un calendrier			
Nommer des matériaux			
Décrire les caractéristiques et l'utilité de ces matériaux			
Reconnaître les couleurs et leurs nuances			
Mélanger du blanc et de la couleur pour obtenir une couleur pastel			
Coller toutes sortes de matériaux			
Utiliser un gabarit			
Découper sur un trait			
Agrafer			
Perforer			
Mesurer			
Date :			
Marcher sur le rythme d'une musique			
Marcher avec des partenaires			
Marcher en file			
Danser avec un accessoire			
Date :			
Prendre des repères sur un parcours			
Placer des repères sur un plan			
Rappeler un parcours en citant chronologiquement les repères			
Défiler en tenant compte de mes partenaires			
Après le défilé **Date :**			
J'ai aimé défiler			
J'ai fait comme on avait dit			
J'ai ri			
J'ai eu peur			
J'aimerais recommencer l'an prochain			

Préparer le carnaval – GS

Date :			
J'ai appris / Je sais	**Oui**	**Un peu**	**Non**
Classer, trier des photos et des images			
Observer et décrire un document vidéo			
Décrire des costumes de carnaval			
Nommer les accessoires pour se déguiser			
Expliquer pourquoi l'on se déguise			
Prendre des repères sur un calendrier			
Nommer des matériaux			
Décrire les caractéristiques et l'utilité de ces matériaux			
Reconnaître les couleurs et leurs nuances			
Composer un visage			
Manipuler le papier d'aluminium			
Décorer de signes graphiques			
Utiliser un gabarit			
Découper en suivant un trait			
Découper du papier crépon			
Date :			
Marcher sur le rythme d'une musique			
Marcher avec des partenaires			
Marcher en file			
Danser avec un accessoire			
Date :			
Prendre des repères sur un parcours			
Placer des repères sur un plan			
Rappeler un parcours en citant chronologiquement les repères			
Défiler en tenant compte de mes partenaires			
Après le défilé **Date :**			
J'ai aimé défiler			
J'ai fait comme on avait dit			
J'ai ri			
J'ai eu peur			
J'aimerais recommencer l'an prochain			

Bibliographie et documentation

Activités manuelles

- *1001 activités pour la maternelle*, B. Theulet-Luzié, V. Barthe, Éditions Casterman, 2003.
- *Brico dingo*, Lyndsay Milne, Éditions Casterman, 1999.
- *Bricolages faciles*, Éditions Casterman, 2004.
- *Carnaval*, Collection Les Ateliers ABC, Éditions Fleurus, 2000.
- *Copains du bricolage*, Didier Schmitt, Éditions Milan Jeunesse, 2005.
- *Déguisements pour les tout petits*, S. Charpiot-Desbenoit, S. Pied, Éditions les Activités du Père Castor, 2006.
- *(Le) grand livre du bricolage*, U. Barff, I. Burkhardt, J. Maier, Editions Casterman,1999.
- *Jouer avec les volumes*, Éditions Milan-Activités, 1990.
- *Masques*, Vanessa Lebailly, Éditions Fleurus, 2008.
- *Masques en boîtes d'oeufs*, Aline Recoura, Éditions LTA Loisirs Créatifs, 2006.
- *Masques en fête*, V. Brody, M. Dolard, Éditions Le Temps Apprivoisé, 1994.
- *Masques farfelus*, Christine Hooghe, Éditions Fleurus, 2002.
- *Maxi-Pliages pour jouer et décorer*, Collection Mille-Pattes, Éditions Fleurus Idées, 1990.
- *Qu'est-ce qu'on fait aujourd'hui?* Tome 1, J. Brindamour, S. Miller, Éditions Trécarré, 1996.

Imagiers, albums

- *Déguisons-nous!*, R. Charlip, MeMo, 2009.
- *Le carnaval*, P. Cayré, J. Garcia, M. de la Cruz, Éditions Magnard, 2000.
- *L'imagier du carnaval*, P. Cayré, J. Garcia, M. de la Cruz, Éditions Magnard, 2000.
- *Mascarade!*, Dominique Maes, Éditions Mijade, 2009.
- *Mini-Loup au Carnaval*, Ph. Matter, Hachette Jeunesse, 2009.
- *Monstre qui rit, Monstre qui pleure*, E. R. Emberley, A. Miranda, Éditions Albin-Michel Jeunesse, 2009.
- *Quand les animaux rêvent...*, F. Roché, S. Lesne, Le Bout du Monde, 2008.

Documentaires

- *Carnaval en France*, Fleurus, 1995.

Ouvrages pédagogiques

- *50 activités avec Carnaval : Pédagogie et patrimoine à l'école et au collège*, M. Malique, Y. Dupouy, CRDP de Midi-Pyrénées, 2001 (1 livre + 1 cédérom).
- *Art de la Mélanésie*, CNDP, 1987 (Diapositives + 1 livret).
- *Créer des masques*, CNDP, 1978 (Diapositives + 1 livret + 1 CD).
- *Le carnaval de Limoux*, CDDP de l'Aude (Diapositives + 1 feuillet).
- *Le carnaval de Nice*, CRDP de l'académie de Nice, 1983 (Diapositives + 1 livret).
- *Ombres vénitiennes*, CNDP, 1985 (Diapositives + 1 livret + 1 cassette audio).
- *Fabrication des grosses têtes de Carnaval*, CRDP de Provence-Alpes-Côte d'Azur, 1988 (vidéocassette).

DVD et cassettes vidéo

- *Les coulisses du Carnaval de Limoux, 10 ans du Carnaval de Limoux,* AUDITEC PRODUCTIONS, 17 Route de ST-Hilaire, 11300 Pieusse, 2003.
- *Carnavals du Monde,* Ateliers du Film, 2005.
- *Tête à Toto - Le carnaval, le jeu de piste -*, CNDP- la Cinquième, 1998 (vidéocassette).

Film

À télécharger : *Fanfare et Géants* (le Carnaval du Nord), Daniel Tragaz, CLC.

Sitographie

Masques d'art : collections de musées

- Musée international du carnaval et du masque (ville belge de Binche, célèbre pour son carnaval traditionnel et ses Gilles)
  http://www.museedumasque.be/accueil.htm
- Musée du quai Branly
  http://www.quaibranly.fr/index.php?id=accueil
- Musée Guimet
  http://wwwmuseeguimet.fr/
- Musée Dapper
  http://www.dapper.com.fr/

Carnavals : dossiers pédagogiques

- http://www.momes.net/dictionnaire/c/carnaval.html
- http://www.csdm.qc.ca/Petite-bourgogne/signet/themes/carnaval.htm#masque
- http://membres.lycos.fr/esparel/projet_masque.htm

Masques de carnavals : représentations

- http://www.euro-info-tourisme.com/italie/masque.carnaval.de.venise.html
  (75 photos de masques)
- http://www.edunet.ch/classes/berolle/masque.htm
  (exemples de dessins d'enfants)
- http://www.edunet.ch/classes/berolle/masque.htm
- http://www.edunet.ch/classes/berolle/masque.htm

Masques de carnavals : fabrication

- http://webinstit.net/artsplast/carnaval/masques_africains.htm
- http://www.teteamodeler.com/dossier/carnaval/carnavalmasq.asp

Musicographie

- *Le carnaval de Limoux,* par la Bande à Philippe, Comité du Carnaval (Musique folklorique traditionnelle limouxine).
- *Airs des gilles et des violes de Binche, tous les airs du Carnaval,* Amc Records, 2002.
- *Airs du Mardi Gras,* Gilles de Binche, Silver Star, 2004.
- *Carnaval de Binche,* Gilles de Binche, Kcd, 1996.
- *Brasil Carnaval,* Bebel Gilberto, Resist, 2007.
- *Carnaval do Maranhao,* Sao Luis.
- *Jeguefolia Carnaval 2002, 2004,* www.jeguefolia.com.br
- *La Compagnie Créole, 28 succès,* Zagora, 1992.

Pays des couleurs – PS

Les étapes de la fabrication de la perruque

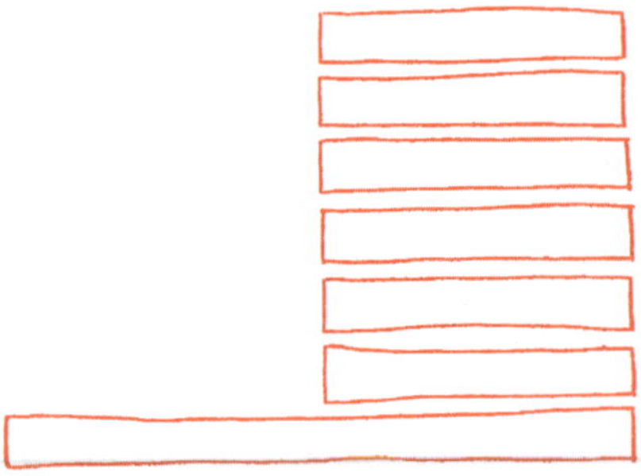

1

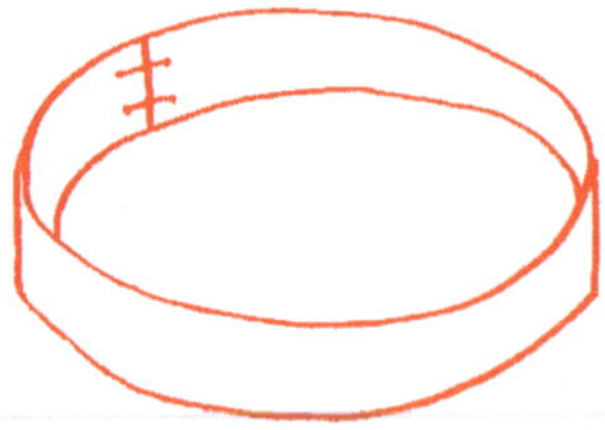

2

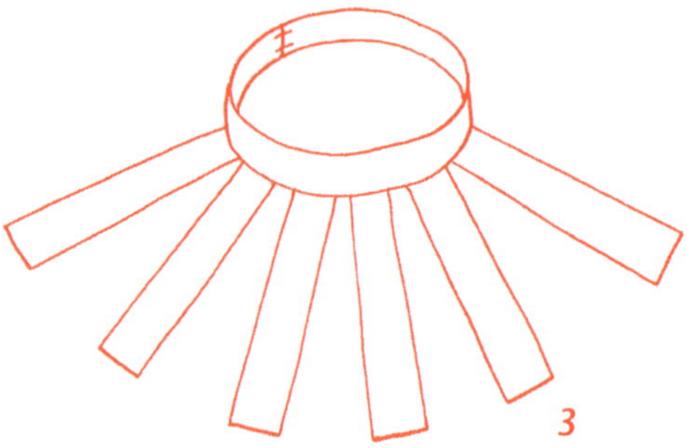

3

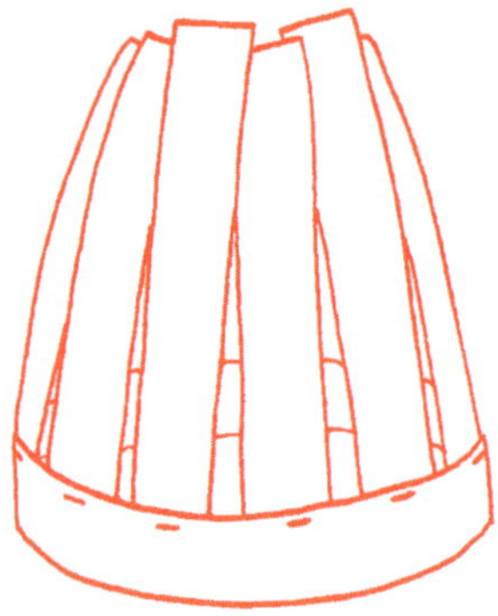

4

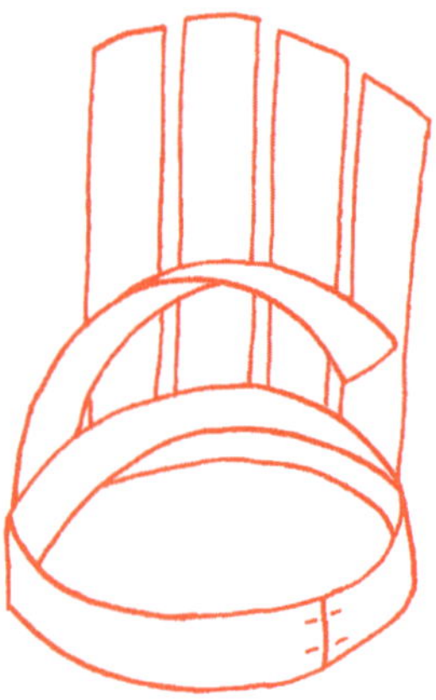

5

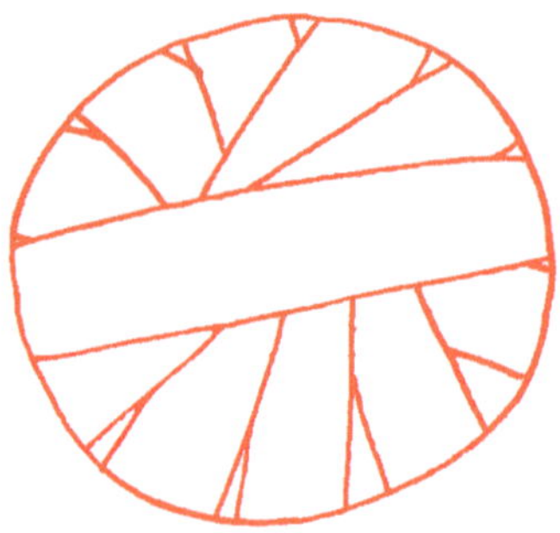

6 – Vue de dessus

7 – Vue de profil

Montage

Agrafer la bande de 55 cm en l'ajustant à la tête de l'enfant.
Marquer un repère pour partager la couronne en deux moitiés.
Agrafer l'extrémité de chaque bande sur une moitié de la couronne.
Rabattre chaque bande et les agrafer sur l'autre moitié de la couronne.

Pays des couleurs – PS

Modèles de loups (voir aussi CD-Rom)

collage de plumes au dos

-·-·- ligne de pliage

- - - ligne de découpage

Pays des grosses têtes – MS

Patron bracelet

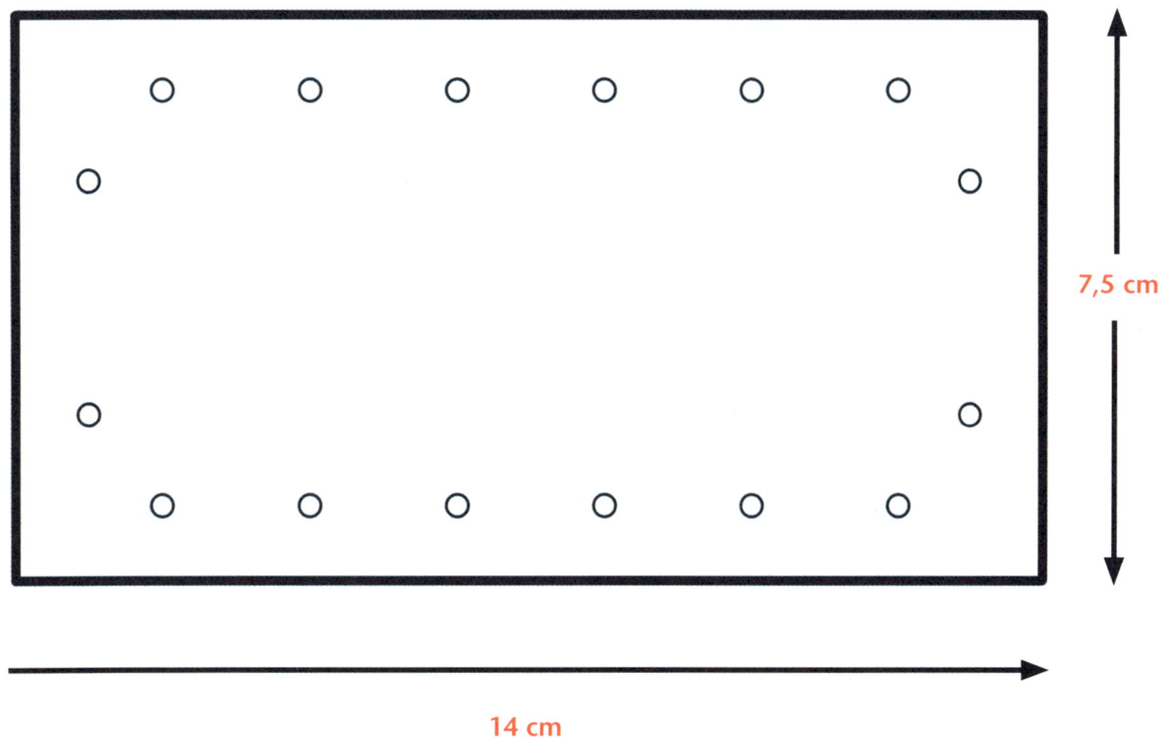

Contenu du CD-Rom

- Grilles d'évaluation (PS, MS, GS)

- Photos en couleur
  - Carnavals : Binche (Belgique), Dunkerque, Limoux, Nice, Québec, Rio, Venise (voir p. 64)
  - Instruments de fanfare
  - Musiciens de fanfare
  - Pays des couleurs PS – Enfants costumés / Accessoires
  - Pays des grosses têtes MS – Enfants costumés / Accessoires
  - Pays des grosses têtes GS – Enfants costumés / Accessoires

- Patrons des accessoires (bracelet, loups, étapes de la perruque)

Direction éditoriale : Sylvie Cuchin
Édition : Anne Marty, Joëlle Gardette
Corrections : Marielle Muret-Baudoin
Conception de la maquette : Anne-Danielle Naname
Réalisation : Domino
Illustrations : Marie Morey
Photos (couverture, cahier couleur) : Lysia Ménard
Recherche iconographique : Clémence Zagorski

N° de projet : 10155633
Dépôt légal : octobre 2009
Achevé d'imprimer en France en octobre 2009 sur les presses de l'imprimerie Sepec

Au pays des couleurs PS

Accessoires

Collerette

Baguettes

Loups

Enfant revêtu d'une casaque réalisée avec des sacs utilisés pour les poubelles

Accessoires

Construction
de la perruque

Perruques

Au pays des couleurs PS

Enfants costumés

Accessoires

Fabrication de chapeau

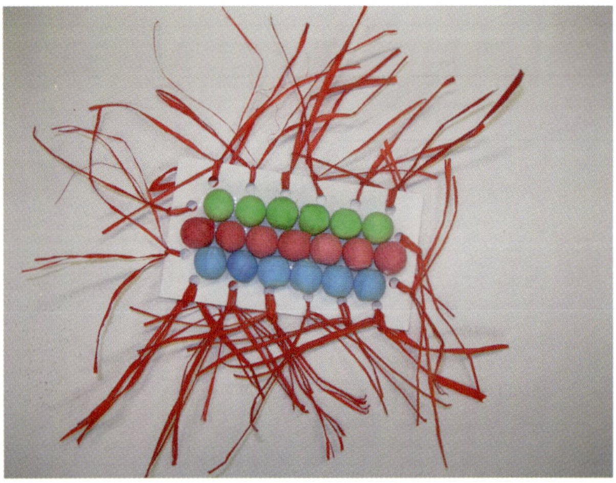

Bracelet

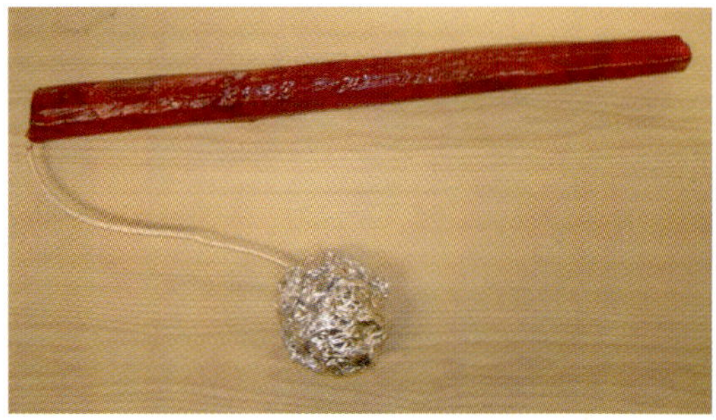

Masse d'armes

Enfant avec chapeau et masse d'armes

Grosse tête finie.
Elle est posée sur une chaise.

Au pays des grosses têtes MS

Enfants costumés

Au pays des robots GS

Accessoires

Cylindres

Manchettes

Masques

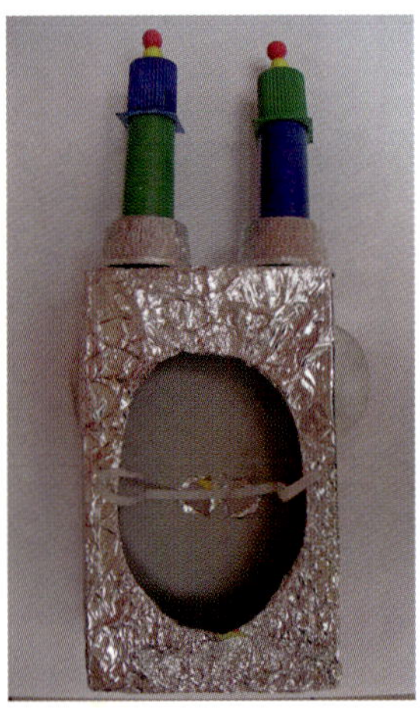

Plastrons

Au pays des robots GS

Enfants costumés

Reproduction de photos (CD-Rom)

Sélection de photos portant sur différents carnavals